JN087626

闘う日本学

消費文化・ロスジェネ・プレカリ化の果てに

シュテフィ・リヒター

小林 敏明　編訳

新曜社

もくじ

序　章　闘う日本学……7
一　前哨戦
二　自分と距離をおくことの難しさ
三　政治の力と経済の力
四　歴史は作られ、学ばれ、そして進行しながら起こる
第一章　日本近代を再考する……39
一　問題提起
二　日本における哲学 vs. 日本的哲学
三　理性の歴史化
四　パースペクティヴ変換

第二章　モダン・タイムズへの日本の道——二つの太陽……71
一　ライプツィヒの日本ブーム
二　あるデパートのエピソード
三　二つの太陽
四　Edutainmentとしての年中行事
第三章　思想空間としての百貨店……95
一　資本主義的社会形成の発展段階モデル
二　三つの消費スタイル
三　デパート文化の三段階
第四章　グローバル化のなかの日本研究……117
一　文化を研究するとは
二　カルチュラル・スタディーズの外的困難
三　カルチュラル・スタディーズの内的困難
四　歴史修正主義の比較

第五章　トランスとインター――日独のマンガ交流から見えてくること……139
一　国策化するポップカルチャー
二　日マン独とは
三　交錯するインターとトランス
四　マンガ世界における「日本」とは
第六章　ポップ・ナショナリズムの現在――ワンダーランド・ヤスクニ……163
一　新しいナショナリズムの流れ
二　つのだ☆ひろと英霊来世
三　新旧の役割配置
第七章　フクシマその後――新たな批判的知識の「場」とプラクティークを求めて……183
一　原発労働への眼
二　原子力帝国
三　原発労働とプレカリアート
補遺　何のための「書き直し、問い直し、読み直し」？

第八章　プレカリ化する日本 …… 209
一　ある宣言
二　自己委任としてのエクソダス
三　Just let us be!

謝　辞　237
編訳者あとがき　239
初出一覧　244

装幀　川邉　雄

序章　闘う日本学

一　前哨戦

私は今でも街の中心部にある自分の研究所から自転車で緑に囲まれたクララ＝ツェトキン公園を抜けて帰宅する途中、しばしば公園の中にあるザクセン橋の上に佇んで、川を見下ろし、カヌーの選手たちがトレーニングにいそしむ光景を眺めるのを楽しみにしている。選手たちがあの細長いボートに乗って、水の上を、転倒して水にはまることもなく、力強くかつ優雅にパドルを操っていくのを眺めているのである。そうしていると、記憶がしばしば私を一九七二年の秋に連れ戻してくれる。

あのとき、私はシングル用カヤックをトレーラーに積み込もうとしていた。ついに旅に出られる。ブルガリアでのレガッタ、私にとって最初の海外での国際試合のスタートである。だが、突然トレーナーが私を呼びつけ、こう伝えた。「君の体では残念ながら将来トップ・アスリートを期待することはできないので、残念ながらこのスポーツ学校を辞めてもらわなければならない」と。何年もかけた努力が一瞬にして水泡に帰してしまった。外国に出る夢、東独（ドイツ民主共和国）でそれを実現する可能性は、とくに成績重視のスポーツにもあったのである。しかし、そこで得られた私の遠方への憧れと闘争心だけはそのまま残り、やがて私に次のチャンスが飛び込んできた。高校生のとき、私にモスクワのロモノーソフ大学（通称モスクワ大学）で哲学を学ぶ話が持ちかけられたのである。

いささかおこがましいが、このオファーを、かつて明治時代に「西洋」への海外留学に出かけた若者たち——そのほとんどは男性ばかりであったが——の抱いた野望と比較してみることもできるかもしれない。彼らは欧米現地の名高い大学で最新知識を習得し、広く将来を学び取り、それらを日本に持ち帰る使命を帯びていたが、私の場合でも、東欧ではソヴィエトの学問や技術が何十年にもわたってそれと同じような希望の担い手の役目を果たしてきたのではなかったか。また、かつて多くの明治留学生たちが「西洋」での実際の日常との出会いで熱が冷めたり失望したりして帰朝せざるをえなかったのと同じように、一九七五年から一九八〇年にかけての私の五年間のモスクワ留学でも、学校で教えられていた理想（幻想？）は実際の経験を通してかなりのところ不信の対象となった。だが、これはある意味でノーマルなことであり、私から見れば、まさにそこにこそ他の社会、その文化、習慣、他者や異他なるものの一般とのあらゆる具体的で生きた出会いの価値があるのだ。

だが、それに加えて——明治留学生たちの居心地の悪さが、多くの人々から賛美されていた「西洋」が折しも帝国主義的な植民地主義の時代に入っていったことに起因していたのとは反対に——私の幻となった未来との出会いは、ソヴィエト帝国主義が次第に停滞と退廃を迎える時代と重なっていた。その結果、「優等生文化」という模範の論理というかイデオロギーへの不信が昂じていくことになった。そのイデオロギーによれば、光り輝く未来を標榜する模範を最も成功裏に模倣する者こそがとりわけて有能で進歩的だとされたのであったが。

しかし、このようなイデオロギーへの不信感の中でも、モスクワ大学で教鞭をとり、研究に取り組んでいた一連の印象的で高潔な学者たちが私を力づけてくれた。マルクスの『資本論』（1867〜）やこの知の巨人の他の著作、また西洋、ロシアないしソ連の偉大な知識人たちの著作を読むことで鍛えられながら、モスクワでの私は精密かつ論理的で歴史的な思考の世界に開かれていった。そして、このすべてが外国語、すなわちロシア語を通しておこなわれたことが私に自信と勇気そして好奇心を与えてくれ、それがまもなく私を新たな挑戦に掻き立てたのである。

この新たな挑戦はロシアよりさらに東方に位置する極東にあった。私は大学を卒業するとすぐにベルリンのフンボルト大学日本学科に助手のポストを得た。このフンボルト大学日本学科は当時東独では唯一の日本学研究の施設だった。そこでは近現代日本を包括的に、すなわち学科を横断して研究するという過大な目標が課せられていた。文学、言語、文化芸術（ポピュラー・カルチャーや演劇も含む）、歴史、経済、政治などの観点から総合的に研究するのである。このとき募集の対象となったなかに、日本の近現代哲学を専門とする研究者が入っていた。これはまた、西洋哲学の範囲を超えた、いわゆる「ヨーロッパ外の哲学」を複数の大学で長期にわたり講じ、研究するという当時の東独大学担当省の計画に即したものであった。それは一時的な方針であり、チャンスは即座に摑めという事態であった。まさに幸運と計画とが手を携えて私のもとにやってきたのである。このカイロスの瞬時がクロノス時間の不断の流れに新たな方向を切り開き、その門を私はくぐった。新たな方向、それは日本哲学、より厳密にいうと「日本」についての哲学的に基礎づけられた反省的思考である。そのためには、まず集中して日本語をマスターすることが必須だった。格闘は新たな時期を迎え、それは今日にまで続いている。

次にその時期について語りたいが、その前に、自分の頭の中を整理するためにも、また二十年以上にわたって書かれたこの後の章の記述にそれなりの枠組みを与えるためにも、ここで本書を貫く基本テーマでもある「闘い」というものの多様な形態や次元を区別しておきたい。まず、本来分析的にのみ区分されうるものでありながら、学問研究に携わる日常の現実においては密接に絡まり合っている次のような三つの次元があげられる。（Ⅰ）内容的すなわち理論的─方法論的（場合によっては認識論的）次元、（Ⅱ）制度的なプラクシスとしての学問研究の次元、（Ⅲ）学問研究を社会全体の体系的な連関のコンテクストの中に位置づける次元。

さらにこれら三つの次元にはコミュニケーションの一形態としての闘争／格闘がもっている少なくとも二つの異なったあり方を考えることができる。ひとつは、個人主義的な競合の論理に基づくもので、これに従えば、諸個人は自分で責任を負い、その学問的資格能力は、出世の階段を特権的な知の専門家にまで昇りつめるために、ライバルたちと競合する闘いと密接な関係にある。文字通り、知は力であり、その力は制度化された学科を越えて、厳格な力となり、生産的でもあれば、抑圧的（排他的、拒否的、権威的）にもなる。

これに対し、二つめの闘争は、横への配慮《フュアゾルゲ》とか共通の目標に向けた協働の論理に対応するもので、ひとつの理念のために互いに競い合うことを意味する。その理念とは、個々人がそれぞれに異なった才能をそこまで伸長し、（初めから個人戦の担い手として前提されるのではなく）この協働のプロセスを通して初めて個人化していくことによってのみ達成されるような理念である。これをもう少しわかりやすく説明しておこう。この点でもまたあの一九七二年が忘れがたいものとなっている。

あの年私はライプツィヒ・スポーツクラブの他の三人とともに四人乗りカヤックの東独ジュニア選手権で準優勝を果たした。このとき私たち四人はテクニック、パワー、メンタルのすべてにわたってトレーニングを積んだ結果、大会では全員のパドルが同時に水を捕らえ、それぞれのポジションを保った四人の動きが調和してボートと一体になり、それが最後の瞬間に一本の矢のようになって突き進み、ゴールを二位で通過したのだった。当時私は一人乗りカヤックの選手としては選手権の決勝進出を逸し、自分の目標を達成することができなかったが、これもまた自分の強みと弱みを知り、新たな道を見つけるための貴重な経験であった。

二　自分と距離をおくことの難しさ

こうして新たな道が東方に向かい、やがて日本の哲学に至ったのである。しかし、その道をめざして出発するやいなや、私はこんな言葉にぶつかった。

「我日本古より今に至る迄哲学無し（中略）総ての病根此に在り」。

亡くなる年、中江兆民は『一年有半』（一九〇一年）にそう記している。リベラルで民主的な思想家であり政治家でもあった兆民（まさに名は体を表わす）は、すでに明治維新以前に中国古典を習得していただけでなく、英仏の言葉にも通じていたが、一八七二年から一八七四年まで明治政府の派遣でフランス、とくにパリに遊学滞在した。折しも「パリ・コンミューン」の敗北直後である。一八八二年に彼の翻訳によるルソー『民約論』が出版され、そのため彼は時に「東洋のルソー」と呼ばれたりしてきた。いずれにせよ、兆民は東西思想の精通者であり、それだけに私には兆民の言葉は重かった。

私にとってこの言葉が興味深かったのは、日本批判というだけでなく、彼が哲学の任務として、社会批判の審級という役目を担い、広範な時弊に対処することをあげていたという事実である。兆民の書いたことが正しいとすれば、かつて彼の時代に批判の場所は日本のどこにあったというのか。というのも、批判者のいない社会などというものは私には考えられなかったし、それは今でもそうだからである。いわんや近代社会においてをやである。

だが、当時の私のように兆民の言葉からさまざまな疑問を抱いた者には、直ちに、その考えのもとにはどのような哲学のイメージや理解があるのかという問いが湧いてくる。そういう人間はそれによって、他の多くの「非西洋的」な思想家たちと同じように、「普遍主義の罠」にかかってしまっているのか。すなわち「西洋」こそが、そこに生まれた哲学も含めて、「アルキメデスの点」としてあらゆる物事の基準となり、（植民地時代が始まってからは）それによって他のあらゆる社会や文化も測定評価されるような普遍主義の問題である。しかし、そもそもそのような「西洋」は存在するのか、それもまた他のあらゆる経験的に表現された（したがってまた構成された）ものと同じく、多様で特殊なものではないのか。だとすると、「普遍的」とはどういうことなのか。そもそも、特殊な文化的アイデンティティを積み重ねていくなかで、しかし結局は不断に排除と差別を被る、個別的で多元的な普遍性を超えるような普遍性、あるいはひとつの人類のようなものが果たして存在するのか。

こうした疑問は、自分の文化圏、自分の社会関係、伝統や習慣、自分が所属するアカデミズムのスタンダードや論議の事例などを超え出て、精神的のみならず身体的にも「他者」ないし「異人」に遭遇する者はだれでも直面するものである。とりわけ自国を捨てたり、国が消滅したりして、それまで生きてきた諸関係が崩壊してしまう場合のように、この出立や脱出が否応なく強いられることになると、その疑問もいっそう深刻になる。これらの疑問は私の近現代日本との格闘の中にも一貫して流れている。そしてそれらは一九八〇年代以降今日に至るまで私が取り扱ってきたテーマや――本書に収められた諸論文も含めて――書き続けてきたテクストのすべてに通奏低音《バッソオスティナート》として鳴り響いている。

たとえば、第一章で、「日本の哲学」とか「日本の思想」といった表現が「日本における哲学」「日本における思想」の意味に理解されるべきなのか、それとも「日本的な哲学」「日本的な思想」の意味に理解されるべきなのかが問題になるとき、これはたんなる言葉遊びにとどまらない。前者の解釈が民族的な国民文化への囲い込みから脱出するよう促す傾向があるのに対して、後者はむしろその哲学／思想を「日本的」として特殊化し、それによって排外的な契機を含意する。そうなると「日本」は哲学／思想をも持ち合わせた国ということになって、どこでも同じように哲学は、そのつど特殊な仕方で文化的に確立し妥当性を要求する人間像や世界像を批判的に反省するという役目を担うことになるのだが、しかしこの人間像や世界像はその社会的歴史的条件を「忘却」したり、意識してフェードアウトさせたりすれば、いつでも特殊なものになってしまう。またそれらの像は近代資本主義の条件下では植民地ヒエラルキーを築き上げて維持したり、（その反対に）それを疑問に付すことに寄与することにもなる(1)。

第一章で――潜在的顕在的には他の章でも――テーマになっている「再考」はけっして「西洋から東洋すなわち日本へ」という一方通行的なものではない。それは同時に自己反省、すなわち自文化をあらゆる所与（疑似自然の「当為」）の一見自明な現前から引き離し、そしてその歴史的生成発展の構造的メカニズムを明らかにするために、自文化に対して距離をとることと密接不可分な関係にある。このまなざしや行動する人間たちの往還は、さまざまな学問分野で「パースペクティヴ変換」と呼ばれてきた。それは「間」として、二つの立場が互いに盲点をもつ相対関係にあること、また固有性と異他性は相互的なもので、当事者にはそのどちらもあるという認識を可能にしてくれる。それは理性的に響き、したがってまた、現実的でもあらねばならないのだ（ヘーゲル）。

だが、直ちに現実はもっと複雑で混乱し、同時にまた面白いものであることがわかってくる。たとえば、いま述べた「東西」布置関係の相互性や分裂は私にとって、遅くとも東独（ドイツ民主共和国）の終焉が見えた一九八九年以降は、二重の意味をもつことになった。いまや私は自分自身が西側ドイツの査定のまなざしを向けられ、また自ら進んでそのまなざしの中に身を寄せていった（没落していく「東」の一部だった。あれこれ変換するまなざしとともに資本主義の西側が、トップの人材を配置した制度や企業という形をとって、それまで現実の社会主義を経験していたドイツの東部にやってきた。同時に多くの「東の人《オッシー》」が西側に流れ込み、「東西人《ヴォッシー》」（訳注1）が生まれた。

私個人はというと、壁が崩壊したのと、長年日本でつきあいのあった人たちのおかげで、しばらくの間この混乱の東側から距離をおき、「極東」に赴く機会を得た。しかし、周知のように、この時期日本もまた安寧平穏の楽園とはほど遠く、一九八九年は国内的にもグローバルなレベルでも衝撃と広範な変動に遭遇した象徴的な年となった。その衝撃と変動はやがて3・11すなわち二〇一一年のあのトリプル破局によって再び触発されることになった。この破局の多様さは、本書の第六章から第八章の中で明らかにされている（2）。私はこの破局をまとめて、近代資本主義日本の第三段階と位置づけている。すなわち「明治体制」「戦後体制」に続く「ポスト戦後体制」である。

かくして、私はそれ以来何重にも破れた「間」、すなわち不断のパースペクティヴ変換を生き、自分自身の出自に他者たちの鏡を対置してみようと努めてきたのだが、その場合この他者たちに屈服してしまうこともなく、またノスタルジックな反動で自分固有のものの中に立ち戻って降伏してしまうこともなかった（どのみちそんなことは不可能なことだが）。むしろ、まさにラディカルな他者との出会いを通して経験した自分自身の（そして広く人間的な）不完全性ないし相対性こそが、移動による彷徨やだれの中にも宿っている無限の発展性を可能にしてくれるのである。まさに自己を失わない終わりなき好奇心とでも言えようか。

このことを、近代化する日本における百貨店文化および消費文化を論じた第二章と第三章に即してそれらの文化の生成史を明らかにしながら、簡単に説明してみたい。一九八九年後の国境の開放は、それまで検閲を受けながら大図書館か「人脈」を使ってしか近づくことのできなかった書籍や著者に、自由に近づけるようになったことを意味した。

どんな比較にも危険が付いて回ることを承知で言えば、このことに関する東独の状況を幕末期の「鎖国」と比べてみるのはそれほど間違ってはいないだろう。蘭学者ないし洋学者たちは、望みの文献を得るためには、経済的にも政治的にも自分の藩主やパトロンの善意を必要としていたが、東独の知識人は、御用学者でなかったり、思想が行き過ぎた場合には、高野長英や渡辺崋山のように、厳しい処罰を受け、最後には死にも追いやられることもあった。その結果異端者は内面への亡命にとどまるか、西側への亡命を選んだのであった（もっとも、そこでは大半の人々は知識人としては無意味な存在となってしまったのだが）。

壁が崩壊すると私には「大いなる自由」が与えられた。だが野放図なテクストの氾濫の中でどうやってうまく時流に乗ったらいいのか。日本に滞在中、私は何時間も書店をぶらついて日々を過ごした。日本には文字通り、本の百貨店というものまであった。これはおそらく他に類例のない現象であり、研究に値する！

そうしているとき、私はもともと自分が探していたのとは違う物も発見することになった。知識社会学ではこれを「掘り出し上手《セレンディピティ》」と言って、今日物理学者レントゲンの名にちなんで呼ばれているX線のように、学問上の偶然の発見を結果することも稀ではない。このような場合のセレンディピティはつねに「賢明さ《サガシティ》」を伴うことになるだろう。偶然発見されたものがそれまで蓄積されてきた既成知識や格闘課題と出会う。それがあるものを共振、共鳴させ、それがある人の中で「発酵」するのである。

そのようにして私も書店に赴いては、ノーベルト・エリアス、カルロ・ギンスブルク、ジグムント・バウマン、ミッシェル・フーコーをはじめとする近代や資本主義の批判に従事するフランスの思想家たち、オリエンタリズム批判で言えばエドワード・サイードといった人たちの本が並ぶ書棚の前に立っていた。日本の著者に関して言えば、網野善彦、柄谷行人、上野千鶴子といった人たちの名前を想い出すことができる。しばらくすると、ここに酒井直樹、成田龍一、吉見俊哉といった名前がつけ加わることになるだろう。

さらに一九九〇年代にはドイツでも日本でも、一九六〇年代にバーミンガムに発祥したカルチュラル・スタディーズ（ＣＳ）が幅広く受容されたが、先にあげた著者たちの少なからぬ部分がこの思潮と直接間接の関係をもっている。カルチュラル・スタディーズではとくに文化概念の政治化やそれを労働者文化、日常文化、ポピュラー・カルチャーなどの方向へ拡大していくことが問題になっている。「個人的なことは政治的」。「人はそんなに個別で互いに孤立した〈島〉文化の中に生きているわけではない。むしろ文化的に生きているのだ」。カルチュラル・スタディーズの目標を簡潔にまとめれば、そんなことになるだろうか（私の「島―文化」批判については第四章と第五章を参照）。

つまりカルチュラル・スタディーズはたんに新しい理論ないし方法なのではなく、私の理解では、モデルネの中で「自然化（自明視）」され、規範とみなされるようになった現実とそれについての知を二元化したり断片化してしまうような事態を、その発生や機能に関して問い直す言説のプラクティークないし知的ハビトゥスのことであり、それはまたその二元化や断片化が階層的に組織された社会の中で果たす役割に関心を示すものである。「文化」はつねに葛藤を孕んだプロセスと理解できる。その中で社会的主体（個人、集団、民族、ネーション）はつねに、どこにでも実在する差異に意味を与えつづけ、そしてそのようにして排他的な同一性を再生産していくが、この同一性は特定の権力関係を安定化させたり、逆にそれを疑問に付すためにも利用される。

また、このプロセスが生じる領域には消費という領域が属するが、とりわけそのことは、日本を含む先進国が一九七〇年代の初めに「消費社会」およびそれと関連した福祉社会と中産階級社会を自認するようになって、はっきりしてきた。

私がこの研究分野に足を踏み入れたのは、最初に私を驚かせたある発見と関係している。私の驚きとは次のようなことであった。森鷗外、新渡戸稲造、柳田國男のような、それまで全集を通してしか知らなかったような明治、大正、昭和初期の著名な知識人たちが、三越や高島屋などの百貨店の発行するPR誌に寄稿していたという事実である。言うまでもなく、この雑誌には販売商品の宣伝も入っている。研究調査の結果、明らかになったのは、百貨店という形態の産業資本ないし商業資本と知的エリートがすでに戦前の日本においては、ヨーロッパの知識人の自己理解からは予想だにしない仕方で絡み合い、手を携えて「日本的であること」の構築作業に参画していたということである。百貨店という空間の中の芸術展覧会や美術展とか、利益優先の商売と純粋な高級芸術の同居などということは、ヨーロッパでは長らく考えられないことであった。もっとも近頃では、芸術のクリエーターたちは銀行や企業のためにも仕事をしているし、大きな美術館にはたいてい販売コーナーがつきものとなってはいるのだが。日本はこの点で先駆的だったのだろうか。それともまた一貫して資本主義的だったのかと問うた方がよいのだろうか。

私の個人的な推測では、芸術作品とその（世界）市場における流通という形を取った「美」は、近代日本が誕生するにあたって、今日なお（そして再び！）広がっているセルフ・オリエンタリズムの「美しい日本」というイメージが信じ込ませようとしているよりはるかに大きな役割を果たしたと思う。まだこれまでに「美的経済」とか「美的なものの経済」ということについて書かれたことはないし、それについての批判などはなおさらだが、ジャン・ボードリアールが一九七〇年に公刊した「消費社会」研究などはその先駆かもしれない。

この著作はすでに一九七九年に『消費社会の神話と構造』というタイトルで日本語にも翻訳されているが、私が通読した限り、このボードリアールの分析を「日本というケース」に適用したり、それに合わせて変容させた研究はまだ出ていないように思われる。むしろこのボードリアールの研究およびその他の著作を記号論のアスペクトに狭めて受容し、いわゆる「ニューアカ」という枠で結局は一九八〇年代の「バブル期」を肯定する方向に歪曲してしまったのではないだろうか。これを「歪曲」というのは、そのような一面的な受容がボードリアールによって明らかにされた資本主義の根本問題を隠蔽してしまったからにほかならない（訳注2）。

その問題は片や限りない（また絶え間ない技術革新によっても可能となる）生産ポテンシャルと、片や利益を求めて製品を市場に上げる必要との矛盾の内にある。そこから明らかになるのは、なぜ具体的な消費欲が永久に変化することができ、またそうあらねばならないのか、なぜ欲求それ自体はけっして消失してはならないのかということである。この事態はまた、消費者の行動をますますコントロールし操作することを必要とする。つまり消費者をマーケッティングやクレバーな宣伝によって市場に適合させる必要があるわけである。その場合新世紀の始まりとともに出てきた「クール・ジャパン」の政策はどんな役割を果たしたのか。そこで言われる「クール」とか「美しい」はどのように浸透し合い、そこにネオリベとネオコンの勢力はどのように絡み合っているのか。こうした問いのもとに書かれたのが第六章である。

この関連で、今日ヘゲモニーを握っている「消費社会」の（西）欧米型コンセプトに反対するオルターナティヴなアプローチに一言触れておきたい。このアプローチは、東部ドイツの発展を自己批判的に検証しながら、「消費社会」に対して「消費文化」を対置し、そうすることによって両者を相対化し、新たな思考の可能性を提供するものである。

ここでいう「消費文化」という概念は、ドイツでは文化研究を専門とするイーナ・メルケルによって言い出されたものだが、彼女はいわゆる壁崩壊後の統一ドイツの大学に「生き残」った数少ない旧東独の研究者の一人であり、私の消費研究にも重要なインスピレーションを提供してくれた。メルケル（Merkel 1999）によれば(3)、「消費社会」という概念は西欧の発展から発生して規範的なモデルとして定着した概念であり、その中心には、あらゆる種類の商品を豊富な供給物の中から自由に選ぶことができ、またそうすることを強いられた自立した市民消費者が前提に置かれている。これに対し、かつて社会主義だった東部におけるような別の発展は「欠陥社会」としてネガティヴに対置される。

しかし、このような別の道はそれ固有の論理においてではなく、つねに追いつくための運動として理解されているにすぎない。このような東側を欠陥の言葉で表現するような社会の独占的な説明は、結局のところイデオロギーに動機づけられた「東西二元論」に依拠しているだけではない。それはその歴史を終焉／没落から説き起こし、彼らの挫折の原因が他律的で誤った理想にあったということを指摘してみせるにすぎない。これに対し、あくまでそれ固有の論理に関心を示す者が問うのは、なぜこのような社会が存在したのか、なぜそれがそんなにも長く続いたのかということである。つまり社会の支配的な価値観と、このような社会に巻き込まれた人間が不断に意味を生み出していく生活様式やライフプランとの関係を問うこと、そしてその中で消費が果たす役割を問うことなのだ。

しかし、遅くとも二〇〇〇年代から西側の消費社会自体において、これまで規範を自認していた基準に対する不信の声が次第に高まってきているが、このことは先進国の一つに数え入れられる日本にも当てはまる。かつて賞賛され、消費基準で測られてきた中産階級社会の欠陥が、問われるようになってきたのである。いまやいわゆる周縁のみならず、社会の至るところに広がった貧困について、再び議論がなされている。階級問題も再び論議の俎上に上がり、消費の対象となるべき商品が生産される労働という場所が、あらためて問題になっている。これらの問題はどのような危機のプロセスから生じたのか、とりわけわれわれはどのようにこの危機に対処し、それを解釈したらよいのか。これを論じたのが第七章と第八章である。

そこではフクシマ、すなわち福島第一原発の破局もテーマになっているが、これはまさしく私に多大な衝撃をもたらし、私自身の日本研究者としての活動についての認識をまったく変えてしまった事件である。その他に、アカデミックな制度としての日本学との「格闘」にも目が向けられるが、これはこれまでに述べてきた内容の困難と切り離すことができない。学問的思考の体制《オルガニザツィオン》は学問という制度《オルガニザツィオン》と密接不可分な関係にあるからだ。

三　政治の力と経済の力

政治と経済、この両者の関連はむろん日本学科という制度の中で活動する日本研究者にとっても避けることのできない問題である。日本学という職種はドイツ語圏では、十九世紀末の大学に、日本の言語、文学、歴史、宗教を対象とした授業と研究をおこなう機関が設置されて以来のものである。具体的には、まず最初にベルリンとライプツィヒの各大学に設置されたのだが、どちらの機関も当初から、オリエントないし東アジアという広域を扱う部門に所属していた。先にも少し触れたように、本書の第四章と第五章は近代社会のグローバルな発展と国民国家《ナショナル》レベルでの発展の関連とか、社会経済的な発展と教育政策的文化的発展との関連を別のコンテクストから解明しようと試みたものであるが、これらの関連のなかには、日本学のような地域学が成立して今日に至るまでの発展、すなわちその誕生、成長、繁栄、さらにはまたその生き残りのための闘いや挫折の歴史も入ってくる。

ドイツの場合で考慮に入れるべきは、封建時代のさまざまな小国の遺産として、一八七一年にドイツ帝国が成立した後にも相対的に自立した国々の連邦制が残されたことで、そのことはそれぞれの国の財政下にあった大学にも当てはまる。その歴史の一部は、中世期末ないし近世初頭にまで遡るが、啓蒙的な領主や王侯がまさに一国一城の主として、自前の教育機関である大学を創立した。現在十六あるドイツの日本学科のうちの十箇所はそうした背景をもつ大学であり、私の日本研究者としての「運命」を決定したベルリンとライプツィヒの二つの大学も、その中に入る。

これから述べることは、いささか不可能な試みとなるかもしれないが、極力冷静に、すなわちある程度数値を示したりしながら、まず私自身が一九八〇年代から一九九〇年代の初めにかけてベルリンのフンボルト大学でどのような制度的組織的な条件下で働いていたのか、次いで一九九六年から現在に至るまでライプツィヒ大学の日本学科でどのような条件下で働いてきたのかについて、できるだけ簡略に述べてみたいと思う。同時にこの具体的な記述は、潜在的には二つの根本的に異なった学問システムに対する批判ともなるはずである。


まず最初の時期の特徴は、象徴的に「少数のための多数」と表現できよう。私が一九八〇年に助手のポストを得たとき、フンボルト大学の日本学科は正式には「東アジア第三部署」と称していた。ちなみに第一部署は中国学、第二部署は（南北）朝鮮学であった。当時第三部署には二人の教授がいて、それぞれ文学と経済を担当していた。それに加えて助手やドクターを準備中の研究員が十六人いたが、彼らは比較的自立して各自別々の研究分野に取り組んでいた。教授たちはこれを指導、調整していたが、けっして威圧的ではなかった。内容および組織に関する指令は他所から、おもに政治の側からやってきた。

東独が西側諸国から次々に外交上の承認を得た一九七〇年代の中頃（ちなみに日本による承認は一九七三年）、日本の文科省に相当する大学・専門学校担当省では、政権を握る共産党、すなわちドイツ社会主義統一党（ＳＥＤ）の中央委員会の同意を得て、ある対策計画が決議された。この計画によれば、アジアにも増えつつある国際的課題に基づいて、この要請に政治的専門的に応えられるような中核要員《カーダー》を増員し、教化する必要があるということだった。「中核要員」という言葉で言われたのは、地域学者、言語学者、語学教師、それに国家、法律、社会学、経済学、哲学、文化、文学などの分野の専門家である。そのためには、とくにソ連の大学を修了した者も採用されなければならないとされた。ここで再び、あの幸運を運ぶカイロスがこの党国家の秩序と仲良く手を組んで現われ、私はこの中核要員に選ばれたのである。

さらにこの計画には、入学を認められる学生数もおおよその社会的需要に合わせる、ということがあった。日本学科には、一九七〇年代以降隔年で最大十人（たいていはそれ以下）の学生が入学してきて、五年間地域学研究か語学研修に従事した。その結果、最大十六人までの研究者（それに文献学の資格をもった語学講師と、一九八〇年からは立命館大学と東海大学から交代で送られてくる日本人の客員語学講師が加わった）と、総勢二十人を越えることのない学生の関係ができた。授業は小グループでおこなわれ、内容も多種多様であったが、研究者たちの授業負担は少なかった。とくにフンボルト大学の日本語の授業は優れていて、つい最近まで国外でも高く評価されていた。そして当時の国家元首でSED書記長でもあったエーリッヒ・ホーネッカーが一九八〇年に日本を訪問した時の準備に際して、実際に望まれる将来のよりよき関係に見合うほどの語学講師数が足りないことが明らかになった。その年一挙に三十人の学生が入学してくると、その学生は三クラスに分けられ、その分の語学講師が補強されたのであった。

研究面に関していうと、ここでも基本的な指針は決まっていたが、「象牙の塔」のような研究ではなく、同時代にかかわるものでなければならず、現下の闘争のために寄与するものでなければならないとされた。ここで言われる同時代にかかわるとは、もちろん現代をその歴史的発展において探究することもいうが、近代現代のさまざまな活動主体によって伝えられてきたものを歴史的に整序し、過去の中に、忘却され抑圧されたオルターナティヴを探ることをも意味した。だが、その場合どんな現代が、どんな過去ないし伝統が問題になっているのか。そういったことについて競い合うのが研究者、とりわけ批判の場たる大学で仕事をする研究者の任務であった。「大学《ユニヴァーシティ》」のもととなる「ウニヴェルシタス」という言葉は、もともと教える者と学ぶ者の共同体、すなわち一つの場所で各時代の学知の総体を学び研究することができるという理想を意味した。

　しかし、この理想は見る見るうちに精神的な統制や訓練に、さらにはまた検閲や「秘密の知識」へと堕落してしまった。「秘密の知識」というのは、「危険」とみなされたテクストが、一部の者だけが近づくことを許されるいわゆる「毒物収納棚」の中にしまい込まれてしまったか、またはたんに紙不足のために出版が制限されてしまったからである。にもかかわらず、私の記憶では、私たちはかなり生産的で、情熱的かつ自由気ままに議論をしていた。ここで「私たち」というのには、私の知的進展にとって大きな意味をもった二つの制度的な次元がある。

　その一つは、先にも述べたように人員的に余裕のあった、日本学科での私の直接の同僚たちである。この中では、さまざまな観点から対等に、またハーバーマスの言う意味で、はるかに支配関係を離れて《ヘルシャフツフライ》十九世紀以降の日本の近代化について議論することができた。このグループを通して私は分野を越えて《トランスディシプリネール》考えることを学んだのである。

　二つめは、他の研究所や学科（中国学、朝鮮学、インド学、アラビア学など）の哲学者や思想史研究者たちであり、これは「ヨーロッパ外の哲学」という枠で集まってきた専門グループで、「哲学とは何か」とか「近代的知識人とは何か」といった問いについてよく議論をした。ここで私は「インター」と「トランス」の違いについて考えることを学ぶ機会を得た。ここではまたトランスカルチュラルな考えでの最初の訓練を経験したが、この経験のおかげで、後の一九九〇年代に東アジアにあらためて台頭してくる歴史修正主義の複雑で高度に政治的な分野に立ち入り、それを日本、中国、韓国、ヨーロッパ、アメリカ、オーストラリアの研究者たちとともに、掘り起こすことが可能となった（第四章、第五章参照）。この二つのディスカッション・グループからは、仕事を離れてもつきあいのできる友人関係が生まれ、それは今日まで続いている。

このフンボルト大学日本学科時代を、再び比喩を使って要約してみると、こうなる。かつて四人乗りカヤックで互いの調和を保ちながら奮闘することによって、その成功が得られたのと同じように、私はこの時代この場所を「闘技場」としながら、共同で新しい知を獲得するという経験をしたのであった。それは、党中央から絶対的なものとして押しつけられるイデオロギーと違って、知とはつねに時と場所によって別様でありうることを知るがゆえに真実であるような知のことである。けれどもこの経験は、たびたびその限界に突き当たった。

ひとつには、この真実が自分たちの社会全体に関しては、矛盾なく積極的に体験されることが許されなかったという政治的な意味においてであるが、そういう限界に突き当たったとき、私自身は自分の職を賭けてでも抵抗や反対を貫くことはできなかったのである。

もうひとつの限界は文字通りの意味で、私にはただ一度だけしか（一九八二年から翌年にかけて）東京大学に留学するために国境を越えることが許されなかった。日本から帰国すると、再び国境は閉ざされ、「鎖国」状態となった。かつて大会に出発しようとボートを積み込みながら、家にとどまらねばならなかった時と同じように、私の失望とフラストレーションは小さくなかった。次の「開国」のチャンスを待つしかない。それを待たずに出国すれば、もはや帰ってくることはできない。私には選択の余地などなかったのだ。一九八九年に壁が破れて初めて実際に、文化と国の境界を無制限に往還できるようになったのである。一九九〇年代の中頃まではまったく落ち着かない日々が続き、私はベルリン、千葉、ミュンヘン、ヴュルツブルク、東京の間を東奔西走したのだった。

　次の第二期の特徴を象徴的に表現すると、「多数のための少数」ということになる。一九九六年またしても私は思いがけない幸運に恵まれて、ライプツィヒに赴任することになった。すでに一九九三年に新設されていたライプツィヒ大学東アジア研究所の中に、さらに日本学科を創設するという、やりがいのある仕事が始まった。かつて、西田幾多郎をテーマとする私の博士論文を指導してくれた中国学者ラルフ・モーリッツのほかに、西ドイツの研究仲間たちが、この一九五〇年代以降閉鎖されていた伝統ある日本研究の場所を再興するために尽力してくれた。そして私の教授ポストには、期限付と無期限の二人の学術共同研究員、および一・五ポストの語学担当スタッフがあてがわれた(4)。しくみからすると、これはかつての旧い「一国一城」システム、すなわち主任教授制(訳注3)への回帰ということになる。

　一般的に言えることは、ドイツの東地域に位置する「新連邦州」にとって壁崩壊後の「転換《ヴェンデ》」とは、既存の西独制度によるたんなる吸収合併を意味した。だが、その西側の大学自体も何年来危機を迎えていた。それは次のようなところに見て取ることができる。ひとつには、いわゆる「一九六八年」以来

「全員のための教育」をモットーに進められてきた大学の社会への開放が、最終的にマスプロ大学に行き着いたという事実である。もうひとつは、比較的少数からなる教授グループが、あらゆる自己管理委員会において他の集団（学生、研究員、後継研究者たち）の頭越しに決定権を握っているという事実であり、専門家たちはこれを「寡頭体制」の勝利と呼んでいる。はっきり言って、この点に関しては「一九六八年世代」は敗北したことになる。

いま述べた普遍的なジレンマはやがてドイツの日本学科において具体的に看取できるようになり、遅くとも今世紀の始まりとともに導入された教育機関の新自由主義化によっていっそう顕著となった。たしかに私には連邦ドイツの教授として、ゼロから始まった学科のポストに関しても、また学科の内容方針に関してもかなりの裁量権が与えられた。この自由は、初めは行使の仕方を学ばねばならないものだったが、それでもひとつの恵みであった。その場その場に対応する即興は東独時代の日常で得意とするところであったし、いまやそれを新しくて旧い制度に応用することが問題だった。

しかし他方、学生数が急激に増えて、二〇〇三年からは足切り、すなわちNumerus Clausus（NC）の導入を余儀なくされた。うちの学科で言えば、毎年の定員は三十人である。というのも、二〇〇三年の新学期が始まったとき、講義室には一四〇人を越える学生が座って（いやその多くが立って）いなければならなかったからである。「日本」は魅力的で、エキゾチックで、「クール」だったのである。そもそもこのような足切り制度は憲法違反であり、教育の機会均等に矛盾するものだが、実際には、一〇〇人を越える学生を相手に日本語入門授業など、明らかに無理な話である。当然もっと多くの教師を採用すべきところだが（フンボルト大学での一九八〇年の政治がもたらした状況を参照）、しかしこれが不可能なのだ。

このようにしてライプツィヒの日本学科は再建当初から二重の持久戦モードにあったのである。教師不足で学生数は行政的にまっとうな数に削減されたものの、「人事の戦線《フロント》」では警報解除はなく、実情はむしろその逆であった。二〇〇六年ライプツィヒをはじめ、ザクセン州の全域で、大学のヨーロッパ化を進めるいわゆる「ボロニア・プロセス」が始まった。以来学生の「モビリティ」「自己責任」「フレキシビリティ」「創造性」の強化が、ジャーゴンのように叫ばれている。だが、これまでの成果はその逆で、とりわけ学生が迅速かつ効率よく目標に到達することが重要視されている。この場合の目標とは、市場に適合した存在という意味であって、批判的思考を学習するための時間的余裕などほとんどなく、実際にそのようなことに好奇心を抱く学生もごくわずかである。

しかし、これは若者たちの落ち度というより、むしろ大学が企業体に変化していることと密接に関連している。それはまた大学の自己管理委員会が（デジタル化、つまりアルゴリズムによって操作されコントロールされた）管理仕事の執行協力機関になり果てたこととも並行しているのだが、この管理仕事も同じようにニューパブリックのモデルに合わせて「改革」されてしまった。ライプツィヒ大学にもさまざまな「サービスセンター」ができているが、だれがその期限付ポストに採用されているのかと言えば、大学でサービス官僚が増えるに伴ってポストが削減されたために、大学の授業や研究の分野で就職ができなくなった、有能なオーバードクターたちなのだ。

二〇一三年には日本学科もこのような悪循環の余波を被った。学科創設の一九九六年、私は小林敏明氏を無期限の研究員として獲得するという大きな幸運に恵まれた。彼とは以来厚い友人関係に基づいて政治的関心も共有してきた。私自身が一九九二年から一九九六年までの長期にわたって日本の大学で働く機会を得たこともあり、私は彼と一緒に日本やアメリカの研究仲間とのネットワークを築くことに成功し、そのおかげで、スタッフの不足にもかかわらず、私たちが理想とした批判的日本学の建設に着手し、それを一歩ずつ実現してきた。これが第二の戦場であったし、また今でもそれが続いている。まさに「災い転じて福となす」である。

しかし、この間に教授となって私とともにやってきた小林氏が退官することになった。この大学では、退官は（スタッフのプレカリ化〔第八章〕につながる）ポストの削減や期限化をおこなうための好都合なきっかけとなるが、私たちの場合でもそれが起こった。そして私たちは生き残りの危機にさらされ、またしても災いを福に転じる必要が生じた。そこで私たちは大学側に最後通牒を突きつけた。日本学科を閉鎖するか、それとも二人めの教授ポストを新設するかである。この新しく提案されたポストは日本学という枠をはるかに超え出て、将来を展望できるようなニューメディアとゲームの研究をめざす准教授のポストであった。多大な苦労と時間を費やした結果、六年の期限付という妥協はあったものの、この目論見は成功した。ここでも再び、私たちの長年にわたって広がったネットワークのおかげで、かつてライプツィヒに学んだことのある最良の後継者マーティン・ロート氏を獲得することができた。要するに第二世代から「ボートに拾い上げる」〔訳注4〕ことができたのである。

二〇一五年度からロート氏は外部資金調達の成功と如才ないコミュニケーションによって、授業および研究のインフラを築いた。その目標は、カルチュラル・スタディーズを目するわがライプツィヒ大学日本学科と協働して、トランスナショナルでトランスカルチュラルなゲーム研究のヨーロッパ・センターを創設することであった。この構想は優れていて、日本を含む他の大学も直ちに注目したほどだった。日本のある大学からは、彼に長期契約の教授ポストのオファーもあった。しかしながら、この新しい研究方向の射程をまったく理解できなかった大学の管理委員会は、このクリエイティヴな同僚の残留のために闘うことを放棄してしまった。そのために二〇一九年、彼は私たちのもとを去ることになり、その結果、ある理知的で大きな構想を実現する代わりに、再び単純でちっぽけな生き残りのための闘いに齷《あく》齪《せく》する羽目になったのである。

四　歴史は作られ、学ばれ、そして進行しながら起こる

結論に向かおう。「フンボルト大学東アジア第三部署」の「少数のための多数」という実験は、治安政策の枠組みにおいて挫折した。しかしそれは、何も残らなかったということではない。また、二十世紀の終わりにおそらく反省もなく、ただノスタルジックな伝統からライプツィヒ大学に「再び」創設された「一国一城」の小さな日本学科はとうに時代錯誤になっていて、大勢としては「多数のための少数」の論理および市場の論理に従わなければならなくなっていた。にもかかわらず、当然のことながら、私はその間に注がれた労苦を無駄だとは思っていない。近代の学問および知的機関にかかわる二つのケースの欠陥ないし「罪過」は、それらをあえて正当化せずとも、それぞれ次につなげ発展させていくべき特殊なポテンシャルや結果をも、もたらしたからである。

ひとつに、それは先に述べた研究の超域性である。これは日本学のような地域学が、時間的にも空間的にも視野に入れる国々やその文化ならびに社会の総体とかかわる以上、潜在的にもっている性格である。この視野がさまざまな学科に応じた調査や分析と連携する必要があるのは当然だが、しかしこの長期にわたる共同作業の規模は、特定の社会関係の総体について真の言述《ディスコース》が可能になるレベルまで総合されていく可能性がある。それはさらに、トランスナショナルでトランスカルチュラルな視点をもった研究の出発点となるが、こうした研究は一九九〇年代以降あらためて強まってきているグローバル化やネオリベラル化と批判的に対峙していくためにも、必要不可欠なことである。

東アジアの観点から近現代の日本を研究調査し、その結果を教訓にしようといういくつかの外部資金によるプロジェクトが、ライプツィヒでも実現した。しかし支出と実益はこのような小さな組織にとっては規模も小さく、実際のところは次第に抵抗力を失い、徒らに競争意識を駆り立て、たとえばいわゆる「申請用美文《アントラークスプローザ》」とか「研究デザイン」と呼ばれるものが示しているように、言葉遣い、ひいては思考の無菌化やステレオタイプ化に少なからず手を貸している。外部資金によるプロジェクト研究は「改革された」ビューロクラシーの統治技術へと羽替わりしてしまったのである。それは広範な学問研究のプレカリ化を引き起こし、同時にシンポジウムやワークショップのインフレやそこから生まれる拙速な出版物を結果している。

いったい私たちは何をしたらよいのか。正直なところ、私にはわからない。ただ、ときどきこんなことを考えてみる。私たちが一時《いっとき》ライプツィヒの日本学科をゲーム研究／メディア研究の方向において特色づけようとしたのは、偶然ではなかったということである。今日まさに日本のみならず韓国や中国において、社会や日常生活のデジタル化が最も広範に進行し、デジタル文化の正負両面のポテンシャルが最も明瞭に見られ、それゆえにまたそれに応じた研究の可能性がある。

かつて自国から追放されたマルクスは、当時産業資本主義と植民地主義の中心地であるロンドンに身を移し、そこで「資本主義的生産様式とそれに見合った生産流通関係」を分析した。「その古典的聖地〔典型的な場所〕はこれまでのところイギリスである。これが、私の理論展開の主要な説明になぜイギリスを使うかの理由である」(『資本論』第一巻序文)。マルクスは英文学者でもイギリス研究家でもなかった。彼はイギリスそのものへの関心から自分の研究を進めたのではなかった。そうではなくて、彼はあくまで当時最も進歩していた社会形態の本質および機能様式を変革するために、それを理解し、批判しようとしたのである。その意味で、この類比は完全にぴったりというわけではない。

だが、私たちが直接日本やその他のデジタル資本主義ないし覇権主義(中国)の「古典的聖地」に赴いて、その出来事の真っただなかで自ら研究していけない理由があるだろうか。いまや時期的には私たちに好都合である。ランキングの格上げを狙う日本の大学は外国からの留学生を募集し、「ワーキングホリデー」のプログラムは一年以内の日本滞在の機会を提供している。しかも「JETプログラム」(5)では一年から五年までの滞在が可能になっている。当然これらのプログラムはどれも、批判理論を振興するのとはおよそ別の理由から、日本の官庁が考え出したものである。しかし、これを私たちの日本学の教育プログラムに組み込んでいけない理由があるだろうか。これを自分の考えに基づいて自由に利用したり、インプロヴィゼーション(即興的に対応)してはいけない理由があるだろうか。そうすれば、現地での境遇や人間関係が「不足している同僚」代わりにもなるだろう。充分なお金を持たない学生には、安くて「クリエイティヴ・インダストリー」(6)とは別のクリエイティヴィティを教えてくれるようなオルターナティヴな居住と生活のプロジェクトを仲介したりもできるだろう（このようなオルターナティヴの例については第八章に書いたが、これは最近著しく増加しており、今では私の研究調査の中心を占めている）。

そのような人間およびその関係の研究が、ドイツや日本の現在の大学でできるかどうかはまた別の問題である。しかし、だとしたら、大学とはわれわれの社会を変革するために必要な批判的な知を習得する唯一の場所である、などと言えるのだろうか。この点では、私はむしろ懐疑的である。よく知られているように、マルクス、エンゲルスをはじめ、彼らのグループ（今日だったら「ネットワーク」と呼ぶことができよう）の知識人たちは、大学教師という意味でのアカデミカーなどではなかった。この意味で、先に私が日本研究ひいては研究そのものについて述べたことが重要である。

現在トップに昇りつめた社会・文化と旧き良きヨーロッパのありうる未来を理解したいと思う者は、日本へ、東アジアへ行ったらいい。そして、批判精神をそこからもって来ようと努めればいい。そのためには必ずしも名のある大学人である必要はない。先に述べたことをもう一度繰り返すなら、それによってライプツィヒ大学などで、もともと「不足している同僚」の埋め合わせができるかもしれない。むろん、いずれも口で言うほど簡単なことではないだろう。引き続き不断の闘いが必要となるが、その闘いこそまさに横への配慮《フュアゾルゲ》の論理をもった闘いである。

私の頭の中を、しばしばこのような考えが行き来する。これには明らかに私のこれまでの生涯、すなわち半分ずつ別々の社会を経験し、ドイツ民主共和国、ソ連、日本、ドイツ連邦共和国と、都合四つの国を股にかけて、哲学的に思考する日本研究者として生きてきた生涯が関係している。そのことが私に、相変わらず重要な意味をもつ特別な国民＝国家への同一化に対して、さらに言えば、国民＝文化というコンセプトに対して距離をとらせる。とりわけそうした文化がより良く、より古く、唯一のものであるなどと吹聴されると、いっそう身が引けてしまうのである。

そういう意味で私に最も共感を呼び起こすのは、スラヴォイ・ジジェックが柄谷行人の『トランスクリティーク』に触発されて書いたという『パララックス・ヴュー』（Žižek 2006）の中で「普遍的個別性のパララックス」と呼んでいる立場である。それは「一種の短絡によって特殊による媒介を回避し、普遍に直接関与するような」単独主体の立場である。それは「基本的にだれにでも開かれている、普遍的な倫理的─政治的な原理──普遍的な宗教団体、学術集団、グローバルな革命組織」との同一化である。これがパラドックスであるのは、公共性という普遍的な次元への関与が「まさに個別的であり、固定した共同体の同一化を逃れているか、またはそれに対立するような個人によってなされるからであり、真に普遍的なのは、ただ共同体的同一性の間隙を行き来するラディカルな単独者だけだからである」。

四人乗りカヤックが教えてくれたように、初めから「仲間」や「同一」を強要するチームは強くなれない。個々の選手が競い合ってそれぞれの技量を磨いて協働するところにこそ真の調和が生まれ、真の連帯が生まれる。まさに「連帯を求めて孤立を恐れず」である。

注

（1）この間このような私の哲学理解に自信を与えてくれたのはチューリッヒ大学の哲学者で日本研究者でもあるラジ・シュタインエックであった。とりわけ参考になるのは以下の二冊である。Raji C. Steineck (2014; 2017)

（2）なお、公刊時期が重なって本書には収録できなかったが、『戦後日本文化再考』に収録された拙論「ポスト戦後日本」（リピター 2019）もこの一連の研究に属しており、併読してもらえれば幸いである。

（3）以下 Ina Merkel *Utopie und Bedürfnis* (1999) を参照。

（4）ドイツの「学術共同研究員 Wissenschaftlicher Mitarbeiter」は実質的には日本の助手ないし講師に相当する。また語学教師の一・五ポストというのは、一人が一人分の職務をこなし、もう一人が半人分の職務をこなし、給与もそれに応じるというシステムである。全体で一・五ポストなので、二人でそれぞれ四分の三ずつを担当することもありうる。

（5）The Japan Exchange and Teaching Programme の略で、海外からの青年を招致する事業。

（6）ここでいう Creative Industry とは一九九〇年代末にイギリスのシンクタンクが発表し、ブレア政権のもとで広がった経済政策の理念のことである。

（訳注1）壁の崩壊後俗語で旧東独の人々を Ossi、旧西独の人々を Wessi と呼ぶようになったが、最近では東側に移った旧西側の人々と西側に移った旧東の人々のことを、Wessi の W と Ossi の O を組み合わせて Wossi と呼ぶようになった。この造語には「wo どこ」のコノテーションも感じ取れて面白い。

（訳注2）ちなみに、ボードリアールのこの本を翻訳した今村仁司は、マルクスの経済学批判から出発して、近代的労働観の批判を展開している。

（訳注3）これはかつての日本の大学の講座制に近い。

（訳注4）ドイツ語は「ins Boot holen」という慣用句で、ひとつのプロジェクトなどに加え入れること、一緒に仕事を始めることを意味する。ここは全文で意識的にボートのメタファーが使われていることを考慮に入れて直訳した。

参考文献

Baudrillard, Jean 1970 *La Société de Consommation*, Paris: Gallimard（ジャン・ボードリヤール [1979] 2015 今村仁司・塚原史訳『消費社会の神話と構造　新装版』紀伊國屋書店

Marx, Karl 2017 *Das Kapital. Kritik der politischen Ökonomie, Erster Band Buch I: Der Produktionsprozess des Kapitals*, neue Textausgabe mit USB-Card, bearbeitet und herausgegeben von Thomas Kuczynski, Hamburg: VSA-Verlag.（カール・マルクス 1969 向坂逸郎訳『資本論』岩波文庫）

Merkel, Ina 1999 *Utopie und Bedürfnis. Die Geschichte der Konsumkultur in der DDR*, Wien, Köln, Weimar: Böhlau-Verlag.

中江兆民 1995『一年有半・続一年有半』岩波文庫

Richter, Steffi 1994 *Ent-Zweiung. Wissenschaftliches Denken in Japan zwischen Tradition und Moderne*, Berlin: Akademie-Verlag.

シュテフィ・リヒター 2019「ポスト戦後日本――ベンヤミンの歴史概念を手がかりにして」坪井秀人編著『戦後日本文化再考』三人社

Steineck, Raji C. 2014 *Kritik der symbolischen Formen I: Symbolische Form und Funktion*, Stuttgart: frommann-holzboog.

Steineck, Raji C. 2017 *Kritik der symbolischen Formen II: Zur Konfiguration altjapanischer Mythologien*, Stuttgart: frommann-holzboog.

Žižek, Slavoj 2006 *Parallaxe*, Frankfurt / Main: Suhrkamp.（スラヴォイ・ジジェク 2010 山本耕一訳『パララックス・ヴュー』作品社）

第一章　日本近代を再考する

一　問題提起

世紀末が近づくにつれて日増しに回顧がおこなわれ、それに基づいてわれわれの社会のあちこちで総決算がおこなわれている(1)。それは経済、政治、学問教育、メディアから芸術の領域に及び、百年前の、いや二百年前のFin de siècleの雰囲気さえ伴った危機意識に彩られた悲観から、この「短い二十世紀」（E・ホブズボーム）のいかなる破局やハイライトに対しても距離をとる静観、さらにはまたアジア太平洋地域やヴァーチャル・ネットワークなど、来たるべき時代に向けての前向きで希望に満ちた楽観等々と、さまざまである。

この回顧を象徴する例が、一九九七年の初めにベルリンで二十世紀の重要作品を集めて開かれたマンモス展覧会「モデルネの時代」である。だが、そのまなざしはどこにいっても北アメリカとヨーロッパに限定されていたため、批評家たちはこの「西洋美術のカノンの最後の勝利」をアフリカ、アジア、ラテン・アメリカの芸術家たちによる「別のモデルネ」を対置させて批評したのであった。これらの大陸の生きた芸術状況を予感的に伝えようという批評家たちの意図やその必然性に、疑問を差し挟むつもりはない。しかし、西洋 対 非西洋という布置関係《コンステレーション》の再確認ともども、他の催し物のパンフに書かれた次のような二つの文面が私には気になった。いわく、「近代は新たに「別様に」描かれうる」「芸術的創造が「いたるところに」あることを示したい」。

私はこの展覧会で一人のパフォーマンサーを紹介された。彼はその夕べ、大「芸術ホール」からは隔たったベルリンのプレンツラウアーベルク地区の真ん中でおこなわれている「Szene」に私を招待してくれた。そこでは文字通り世界各国から来たパフォーマンサーたちによるハプニングがおこなわれていた。日常の多様で断片的な実践が境界を越え、意味を混合し、ずらすのは昔からごくありふれたことである。これに対して既成芸術や学問／哲学などの高度な制度の方はというと、こちらはそれに必然なメタレベルで閉じられた実体となって、事後的に浸透し合ったり影響し合ったりするような文化、社会、個人を構築するのに終始しているのだが、その場合、それ自体が生産、再生産される具体的なプラクティークは反省されることはない。

上にあげた二つの例、つまり近代芸術との制度化された公的な交渉、それとは対立する日常的実践の芸術行為、これらが一緒になって構成する問い、これが本章で追究される問いである。すなわちそれは、日本近代ないし日本における文化の近代化はどのようなかたちで新たに考察されうるのか、という問いにほかならない。
まず第一節で明らかにしたいのは、先に示した初めの例の最も根底にある普遍主義（至るところ）vs. 相対主義（別様に）という思考モデルが近代日本を席捲し、それが相変わらずドイツ語圏の日本研究にも出回っているという事実である。

まず試みに、最近公刊された日本哲学ないし日本における哲学についての著作を、その方法論的アプローチの面から紹介しよう。それを通して可能となるのは、他のあらゆる二元的な表現公式（西洋 vs. 東洋、近代 vs. 伝統等々）と密接につながったディコトミー（二分法）と、それを脱するための試みを明らかにすることである。このアプローチが与えてくれるもう一つの可能性は、「哲学そのもの」を、少なくともその発端において問題にできることであるが、それは次のような二つの背景を前提としている。

（a）この哲学が、本質的な仕方で方法的、概念的な装置に影響を与え、さらにまた、十九世紀末以来、大学という枠組みの中で制度化されてきた他の文化についての学問が、それを直接間接、あるいは意識的無意識的に使ってきたということ。

（b）自らの空間的、時間的普遍性の理解において自らを理想化する哲学は、それ自体がこのわずか二百年の間の、つまりもともと近代ドイツの大学の歴史が新たに産み出したものにすぎないということ。

このことを刺激的に論じているのが、最近 *Historisierung der Vernunft*（理性の歴史化）の表題（2）で公刊されたライプツィヒの哲学史家ウルリヒ・ヨハネス・シュナイダーの研究であろう。これについては、第二節でそのテーマに関連して大まかな紹介がなされることになるが、この研究は、文化史および比較文化の研究にとっても、「秘密の女王」を相対化するために大いに有効となる。それは、これまでずっと近代の哲学概念の構成のあり方を顧みてこなかった哲学の自画像を、研究や教科など大学での具体的なプラクティークと結びつける。シュナイダーによれば、「この二世紀間におけるドイツ哲学の歴史は、大学という存在、すなわち絶え間ない授業化という事実を抜きにしてはその現実をとらえることはできない。したがって、この哲学史の本質的な部分をなすのは、哲学の教授法の変化である」にもかかわらず、これまでだれ一人として「哲学とは何かについての表象に影響を与えた制度としての大学を冷静に解明する」という試みをやってこなかったのである(Schneider 1997: 77)。

このような思考と実践の制度的結合を指摘するアプローチからヒントを得て、本章では、以下にあげる日本学関係の出版物において「日本的」と特徴づけられた思考様式のいくつかに即して、「日本的」なるものが成立してくる具体的な歴史的過程が問われることになる。

二　日本における哲学vs.日本的哲学

ドイツ語圏において、このわずか十年足らずの間に、哲学史と日本をテーマにした包括的な研究が四冊ほど出版されている。すなわち、その四冊とは

1989 Lydia Brüll, *Die japanische Philosophie. Eine Einführung (von der Nara-Zeit bis 1945)*
1993 Gregor Paul, *Philosophie in Japan. Von den Anfängen bis zur Heian-Zeit*
1994 Junko Hamada, *Japanische Philosophie in Japan nach 1868*
1995 Peter Pörtner und Jens Heise, *Die Philosophie Japans. Von den Anfängen bis zur Gegenwart*

である。最初のリュディア・ブリュルの著作は方法論的概念的な反省に立ち入ることを避け、西洋哲学をたんに「何世紀かにわたって成長してきた学科の一つ」と規定し、そして伝統的な日本の思考体系をも哲学と呼びうるようにするために、その対象を「思索的探究」一般にまで広げる必要があるという立場をとっている。一般に通用している哲学の概念装置を単純に拡大することは、これらの体系ひいては「日本的哲学」の内容を「翻訳」し「馴化させる」道でもある。ブリュルにとって問題なのは、他なるものとの出会いを通して自己を不穏に陥れることなく、他者を「我有化する」ことである。これに対して、ジュンコ・ハマダ（濱田恂子）は初めから、言語的概念的に異なったさまざまな文化が抱えている問題に触れることを避け、百年間の近代哲学史を五十人の著者に限定してもっぱら年代記的に追い、その主要著作を紹介するに終わっている。

これらの著作とは違って、グレゴール・パウルの著作とペーター・ペートナー／イェンス・ハイゼの著作は、哲学的文化の比較という企て自体についての哲学的反省に一歩踏み込んでいる。言い換えれば、これらは哲学史を再生産すると同時に自らの哲学理解を表明し、それを通して一種の「日本」論を生み出しているのである。

パウルの「批判的研究」(3)の背後には、彼の現代へのアンガジュマンがうかがわれる。すなわち東アジアにおいては、儒教的合法的および仏教的な哲学を枠として経験的かつ論理的に際立った重要な反省がなされてきたが（Paul 1993: 207参照）、この反省は西洋における「ミュトスからロゴスへ」の発展に劣るものではないとされる。つまり批判的反省、根拠をあげての論証、認識的性格の要請、無矛盾性の原理への配慮、さらには哲学をミュトスや宗教から区別する指標が、東アジアの体系においてもそのまま立証できるという。

また反対に、ヨーロッパにも哲学的なものとミュトス的なものとを混合し、宗教的な論考と論理学を同時に書いた学者たちがいたので、たとえば源信はパスカルと、空海はトマス・アクィナスと比較可能なのだとも言っている（同書：343）。また、日本の哲学はずっとヨーロッパの哲学と同じ問題を立て、その解答もたいていはヨーロッパが探究したのと同じ方向性においてなされた（同書：14）。こうした対等性の第一の重要な証拠として、パウルが研究の目を注いでいるのが「十七条の憲法」で、その「倫理と国家哲学は（中略）それ自体実践哲学の「西洋的」概念に匹敵するといってよいもので、それは（中略）非神話的であり、啓蒙的、合理的、批判的であるとともに首尾一貫したものである」（同書：206）。同様にして、芸術的形象化のコンセプトや『古今集』『源氏物語』におけるそれらの受容が、プラトンとアリストテレスの美学と比較されたりもしている（同書：341）。

こうした比較はまだいくらでも随意にあげられるが、パウルはしばしば非常に論争的に進められる論議を、とくにメダルの表裏をなす次のような方向へと運んでいく。ひとつは、イデオロギー的動機としての「日本的」哲学について語るのを拒否している。というのも「日本的精神」とか「日本的本質」等々の表現の背景には、ナショナリズムやショーヴィニズム、さらには外国人敵視の傾向が潜むからである。たしかにわれわれは「ゲルマン的」哲学とは言わない――もっとも「ギリシャ的」「ヘレニズム的」「ローマ的」「キリスト教的」哲学という言い方はするが。

これに対するもう一つの言い方が、そのさまざまな相違にもかかわらず、まだわれわれに馴染みのある「日本における哲学」である。こちらは、普遍主義的な哲学理解が明らかになる。これは、どんな文化をも認めようという哲学的思考の善意に基づいているのだが、しかしこの最小の共通のネーミングが、その前提となる「人間の統一」とか、言語には左右されることなく、すべての人間に生得的な「普遍妥当な核としての論理」（同一性、矛盾、排除される第三項の命題という形式論理学の三原則）なるものの中におかれると、その容認自体が「さまざまな相違にもかかわらず、まだわれわれに馴染みのある」という表現同様、空虚で無意味なものになってしまう。

比較を通して文化間の理解を深め、偏見と闘おうとするパウルの共感すべき希望も、「ありふれたことに共通性が浮き彫りにされて初めて最もよく満たされる」（同書：18）というわけにはいかないのである。いずれにせよその共通性なるものが「「西洋的思考」が特別に「論理的」ないし「合理的」でないのと同じように、「日本的思考」が特別に「非合理」なわけではない」（同書：189）という断言に尽きてしまうのであれば、なおさらである。

パウルはたしかに、哲学的伝統の有意味な差異／区別を認め、しかも「多くの哲学素が歴史書、法令、陳情書、法典、文学書などの中に表わされているということ、それらが詩的言語ないし詩情に満ちた言語で表現されていること、あるいはそれらが明確な理由づけもなく主張されていること」（同書：19）を解明することを求めてはいる。だが、彼はこの差異を本気に受けとめることなく、それをただ表面的なものとみなしてしまう。そのため、結局は同質性がすべてで、異質性の方はほとんど無意味になってしまうような、ナイーヴな普遍主義の伝統のもとにとどまり、その結果として、イデオロギー的一貫性において過剰に同化的か差別的か（その両方）になってしまっているのだ。

私の考えでは、このことは、彼が言語の問題を過小評価していることと無関係ではない。より厳密に言えば、それは言語を具体的な文脈から切り離し、もっぱらディスコース（内容）の次元にとどまって、普遍的な法則を求める認識を合理的とみなす、偏狭な浄化主義的な言語理解と関係している。言語はたしかに認識に影響を与えはするが、どんな言語で表現されようとも、それに左右されない認識が歴然としてあるというわけである。「このことはたとえば基礎的な論理法則の認識に当てはまる。だが、それの承認と適用を構成しているのは、あらゆる内容的認識であって、この点に関してはその内容は言語に規制されているわけではない」（同書：16）というように。

こうしたパウルの「言語喪失」、すなわち世界を模写するためのたんなる理性の用具に言語を還元するやり方とともに、彼は、遅くともヘルダーに始まった言語論上の転換、したがってまた、多元的な哲学文化、多様な形態の理性や合理性を承認するという可能性からも、後退してしまっている。というのも、たとえば漢字のもっている特殊な図像的、象徴的性格から引き起こされる連想やコノテーションを、もはやたんに文学的、美的に重要なものとして片づけてしまうのではなく（同書：16-17）、理性や合理性を言語や文化に遡って結びつけることによって初めて、この文字文化の中に別の現実理解を認めることが可能となるからである。つまりその別の現実理解とは、たんに模写し、意味をディスコースの上面だけで、つまり言葉や思想を前後に並べて構成するだけではなく、全体を呈示しながら同時に他の要素を表わす具象表現を通してもおこなうような、現実理解のことである。

異文化理解のために、その成員が論理的に考えることができ、またそのように行動もしていると前提するのは、創造性は至るところに存在するという確信と同じく、陳腐な考えである。問題は差異を実体論的かつ同一性論的にただ偶然的なものとみなし、結局は硬直したモノローグに帰してしまうような「異なっているにもかかわらずまだわれわれに馴染みのある」という、突き放した、あるいは我有化してしまうような言い方にあるように思われる。今日ではもはや「多様なテクスト性（言語性）にもかかわらず同じ問題が問われる」ことを確認するだけでは、十分とは言えないのだ。そうではなくて、問われるべきは、いかにして実存する他者に接近するのか、われわれが彼らを黙らせるのでもなければ、逆に彼らがわれわれを黙らせるのでもなく、むしろ行ったり来たりのやりとりやコミュニケーションのプロセスにおいて、両立的で共同のものを獲得することなのだ。

ペートナー／ハイゼは、ガダマーに依拠しながら日本の哲学を（歴史意識の観点から）異質なものとしてとらえ、同時に（影響史的観点から）哲学的文化の相違の中に共通性を認めることに賛同している。そして「東洋的思考」に深く根づいた日本哲学の領域は、それを背景から支えるトポス論の場、つまり世界を基礎づけることなく、解釈可能で接近可能なものにしようとする場において、開明されるべきだと述べている（Pörtner und Heise 1995: 13）。

ここでは、トポス的（レトリカル）なディスコースと合理的（演繹的、批判的）なディスコースが、互いにはっきりと区別される。前者は、つねにひとが演じたり語ったりする具体的な条件とつながりを保ち、何よりもまず「自己および世界の理解のために解釈しなければならない記号がその根を下ろしている」場所を開示するのに対し（同書 : 23）、後者は、前者が発見収集した後で（初めて）それらのものを区分したり分節化したりするという。かくして、豊かで真理性や蓋然性に欠けた感情的なものと、匿名で真理的で乾いた非歴史的なものとが対比される。その際、とくに著者たちが日本ひいては東洋哲学の異質性とみなしているのは、ここにはローマの法文化とその合理主義に当たるものがなかったということ、またデカルトの懐疑的な反省哲学に比べられるような、伝統との根本的な断絶もなされなかった、ということである。

積極面としては、東アジアのトポス論は批判的、合理的な方法との区別から生まれたというより、初めから可能性として与えられており（そしてそれは近代まで続く）、しかもミュトスとの関係に規定されているという。ここでまたしても顔を出してくるのが、重要な哲学的文化の多元性というコンセプトの基礎におかれる共通性である。哲学的思考の形成を説明するために、パウルのように「ミュトスからロゴスへ」（このこと自体がミュトス？）というヨーロッパ・モデルを引き合いに出す必要はないまでも、東アジアの文化においても、（存在と意味、事柄と言葉を区別しない）ミュトス的思考の克服や、ミュトスの彼岸にありながら同時に、真理と模写（代表象）をめざす近代の学問的思考の言説合理性とは別のタイプの合理性の形成について語ることはできることになるからだ。

類似点に基づいてアナロジーの認知可能性を駆使する対比の論理は、たとえば事実性を獲得しようとする歴史的ディスコースのように、ミュトス的形態と象徴を非合理の世界に追いやってしまうのではなく、それらを具体的なコンテクストに結びつける。ミュトス的形態と象徴は、これらのコンテクストの中からその意味を獲得しながら、同時にそのコンテクストを呈示するのである。これは、ハイゼがS・ランガーに依拠して「プレゼンテーションの論理」とか「呈示的象徴主義」と呼んでいる論理である。「個々のものの象徴空間の中での投射（中略）そこでは象徴はもっぱら全体の構造内の諸関係を通して理解されうる」(Heise 1989: 94)。すなわち、統合的なプレゼンテーションに属するがゆえに、それ自体で機能しうる象徴・記号、したがってまた、対象そのものを代表象する代わりに、それに意味を与える布置関係やパースペクティヴを代弁する象徴・記号である。

ペートナー/ハイゼがおこなっているのは、したがって、次のような方法的三段跳びである。

(1)まず、世界を抽象的な原理によって認識し基礎づけるのではなくて、具体的で実践に即して説明するオルターナティヴなトポスの哲学、つまり存在を非連続で分割不可能な要素(原子、個体、主体)に分解することなく、現実を不断に自己投企するもの、自己形成するもの、互いに指示し合うもの(関係、間柄=Dividuen, 共同主観)として理解するような哲学が基本に据えられる。

(2)次に、これを出発点にして儒教、新儒学、仏教、相関主義を通底する中国・日本的な哲学のトポスが明らかにされる。たとえば「自《おの》ずから」「本体作用」「易」(それ自体は変化しない唯一のものとしての変化)「聖人」(秩序を制御するために秩序に服する秩序の中の自由のトポス)「中」(節度および相互包摂のトポス)「即」(差異的同一のパラドックスをはらんだ同一性のトポス)などである(Pörtner und Heise 1995: 36, 44-45 参照)。

(3)最後に、これらが日本的コンテクストにつなげられるのだが、その場合、日本の哲学文化の特殊性として中国(後には西洋)に対する対抗意識が認められ、そこからまた哲学的言語の本質的な要素も出てきたとされる。というのも、自分に固有なものとは、こうした異質なものを介して初めて分節化されるからだが、しかし、このことは次のようなディレンマを生み出した。すなわち、自分に最も固有なものに接近しようという、いかなる試みも（中略）他所から移入された媒体に依拠する。この意味において、日本的思考は他が放棄されれば自分に最も固有なものも放棄してしまうほど、それほど根本的な仕方で他（を受容すること）に身を捧げてきたし、それは今日でも変わらない。だが、その本質的な趨勢は、まさにそのことを達成しようとするパラドックスに満ちた不可能な試みの中にあったし、いまもなお同じことが言える（同書：122）。

この方法的「三段跳び」、すなわちトポス論としての哲学、トポス論としての「東洋」哲学、トポス論としての日本哲学は、さらに古代／中世から近世を経て近代へというかたちで歴史的にも継続され、その流れが現代日本の独自でモダンな哲学、すなわち、あの前近代と近代の連続性を象徴する「場所の論理」を唱えた西田幾多郎に始まる、トポスの哲学を引き継いだ中村雄二郎にまで達しているという。

ここで私が指摘したいのは、次のような二つの問題である。それは、日本の哲学と文化を扱うこの著者たちが描く像から生じてくると同時に、彼らの「伝統と近代」という両極化の観点にかかわる問題である。

まず第一に、著者たちは日本の哲学的思考をトポスと特徴づけることのなかに、伝統と近代の架橋、とりわけその連続性を際立たせる可能性を見ているのだが、その場合密かに「日本的／固有なもの」と「伝統」を原理的に同一視してしまっている。しかし、こうした同一化はホブズボーム／レンジャーの「創られた伝統」やアンダーソンの「想像の共同体」以降一般的なものとなった、「伝統」概念の両価性に対する洞察を見落としてしまうことになる。表象、事物、振る舞い様式あるいは行動を、客観的、歴史的に記述するという意図のもとに、それらが「伝統的なもの」と表示されるのだが、しかし実際のところ、それらは「伝統」というレッテルのもとに解釈され、それらに任意に選択された新たな意味がつけ加わってしまう（Robertson 1996: 173 参照）。その結果、新しい近代的な諸条件のもとでの同一性を求めて、伝統が創出され、捏造されてしまうのである。一度それが捏造されると、そのダイナミズム、自己解釈の働きは忘却され、その帰結が過去へと投影され、それが近代に対置されることになる。そして「自らに固有なもの」「日本的なもの」として場所を与えられるのである。これは一種の脱歴史化＝脱時間化にほかならない。

こうしたトポス的伝統に場所を与えることは、もともとあらゆる「後追いの二次的」で「周縁的」な近代化が、一次的な「西洋型」の近代化とぶつかるところで見られるものだが、しかし、それが「西洋」の側に位置づけられ、近代そのものと同一視されると、問題なしとは言えない。もちろん著者たちは、そのようなことを露骨にやろうとしているわけではない。しかし、彼らが近現代の日本哲学についての紹介記述を、トポスの形態に限定して語るとき（西田、三木、田邉、和辻、九鬼、森有正、中村雄二郎）、結果的にこれらを量的にも質的にも「不可避的に西洋哲学の「他者」へと様式化し」（Bierich 1996: 1033）、同等視してしまうことになる。現実の日本には、数少ない「オリジナル」な思想家たちとは別に、膨大な無名の講壇哲学者たちがいて、彼らは西洋の同僚たちと同じように大学で哲学を講じ、研究し、哲学のテクストを執筆出版し、シンポジウムを開いたりしているにもかかわらず、である。

このことはきわめて陳腐で、実際それ以上言及する価値もないように見える。実際、われわれは身をもってそのことを知っている。だがしかし、二つの哲学文化を、たんなる「東対西」の文化間の二元的洞察に還元してしまわず、近代社会の特定の制度の中に生まれ、文化内のさまざまな場所で相互に作用しながらさまざまに機能しているディスコースのプラクティークとしてとらえられるならば、話は別である。そうなれば「東洋」とか「トポス論」といった観点も、十九世紀後半三分の一〔明治期〕から今日に至る日本的コンテクストの中で、たとえば日本における西洋近代哲学の受容の仕方を懐疑的視点をもって研究する余地も出てこよう。すなわち、とくにドイツを模範とした大学の人文学の中に新たに設立された西洋近代哲学を、専門知として受容するという制度そのものの探究が可能となるのである。それはまさに、本質的に実践とコンテクストから切り離され、分野ごとに分けられ、秘儀的な学派を作り、習得可能な学科でありながら、なおかつ「西洋モデル」をモットーにして「普遍的」で「批判的」な知を偽称するような専門知であった。

三　理性の歴史化

「自らの伝統」に拠り所を求める、近代日本の思想家たちの懐疑的な反応は、構造的、機能的観点から見ると、長年にわたってドイツ哲学の舞台で起こったことと似ている。すなわち十八世紀末以来、とりわけ十九世紀を通して大学の哲学の授業と研究という制度の枠内で、哲学という「物語」を「歴史」の持続的な発展過程の中に組み込んでいった思想のタイプに対する「反近代」の批判である。もっとも、ドイツではたとえばショーペンハウアーやニーチェがこのような大学外からの批判を代表する重要な人物として、まだこの過程そのものを警告する伴奏者でありえたのに対して、日本（あるいは他の地域や後の世代）における哲学施設での西洋哲学のテクストの受容は、すでにできあがった結果との対質としてあった。つまり「何世紀にもわたって通時的に広がる philosophia perennis という伝説」（Schneider 1997: 21）あるいはその中に、精神ないし精神性が自らの本質に還元されていくような体系との対質である。

この哲学の亜種がつねに何らかの制度的なプラクティーク（具体的には特定の授業形態とテクスト形態）や強要、また組織形態に依存していて、思考もまたその中でおこなわれているという自覚のないところでは、つまり自己理解、自己反省がないところでは、哲学もまた容易に「西洋＝近代＝普遍的」というシェーマに同化されてしまう。歴史化的統一の中で忘れられた思考タイプ、いやそもそも大学での批判的思考の外部に現実に存在する異質性は、「人間の思考の一般的発展」の初期段階に位置づけられ、ナショナルなものとして分割され象徴化されたのである。日本のアカデミズムの世界では、たとえば「哲学」という学科は自動的に西洋の哲学史という正典《カノン》の中で表象された変種を意味し、これに対して「日本的」という表現は、これまで「哲学」に類する規定として現われることはなく、文学、宗教、芸術といった、もっぱら広い意味での美学的な領域や事象の記号として現われたのであった。

このような西洋哲学の自画像を、その盲点となっている「存在被拘束性」と対決させること、これがシュナイダーの問題関心である。私としては「日本的」という同一性のシンボルをコンテクスト化し、流動化させる方法的可能性について論じる前に、このシュナイダーの問題関心を少し立ち入って紹介しておくことにしたい。

「理性の歴史化」、このタイトルのもとにシュナイダーは、十九世紀初頭以来のドイツの大学における哲学を哲学史として馴化させていくプロセスを記述する。十九世紀初めと言えば、急激な近代化の時代で、その伝統との断絶が一般的な傾向となり、人々をもはや呼び戻し不可能な過去を「収集すること」へと向かわしめ（ちなみに、この時代にはまた博物館／美術館という近代の制度も生まれている）、持続的に発展する歴史の枠内でこの「古きもの」を新たに整理し直すと同時に、それによって自らを正統化しようとした時代であった。とくに十九世紀に、大学は学業と学問の機関となること（同書：31）にその改革を見出した哲学を、その過去に遡って再生産させるというやり方で増強した。それは、

アルヒーフ、博物館、廃墟、読書会を組み合わせて活性化された図書室、あるいは生きた動物園であり、そこではあたかも類や種が一般的・客観的に判定できるかのように個々のサンプルが展示されている。その場合、その思考は個人の行為とみなされてはいるものの（中略）同時にまたそこには過去の再現が儀式的に組織されてもいるのである（同書：18）。

そして十九世紀の末頃には、歴史を対象とする授業は五〇％弱を占め、伝統的な哲学のカノンをまとめて無価値にするまでになったのである（同書：61参照）。

以下に、このドイツにおける大学哲学の発展についてのシュナイダーの分析から、三点を指摘しておきたい。これらは、なぜこの哲学文化の一亜種が日本に新設された大学制度の中で支配的となり（その批判者にも決定的な影響を与え）、また基本的に「西洋哲学」そのものと同一視されたのかを、具体的

に教えてくれるからである。そして、さらにこれらの点は、これまでしばしば「遅れて近代化」をしなければならなかったドイツと日本の歴史的共通点から、あるいはまた両国の哲学者同士の密接な人的交流から説明されてきた事実を、理解するのにも役立つと思われる。

（1）まず「哲学史の講義」という授業タイプの増加（および学生の増加）を通して歴史化が起こったのは、哲学者が大学「教師」になっていくこととも連動しながら、この授業タイプが哲学入門教育のために最もふさわしい形態として認められるようになったからである（同書：61-62参照）。歴史的に明確な秩序の中で知を呈示すること、それが「授業と試験を標準化する」（同書：22）ために必要不可欠となり、しかも「哲学的過去の分野」に引きこもることによって「現在の要求」から容易に身を引き、「客観性」を自認することをも可能にしたのである（同書：63参照）。

次に、「ゼミナール」を通して、教える者と教えられる者とが個々の哲学者やその著作を対象とするような、新しい授業形態が確立されたことである。たとえばアリストテレス（『形而上学』）、プラトン（『パイドン』）、スピノザ（『エチカ』）、ヘーゲル（『大論理学』）、カント（『純粋理性批判』）、ゲーテ（『ファウスト』）といったように。とりわけこの授業形態における哲学の授業の「歴史化」は、同時にその「文献化」および「解釈学化」の過程でもあった。言い換えれば、哲学の歴史は「テクストの収録体」つまり「絶え間ない解釈を受けながら、その現在的な意味が不断に言葉にされねばならないようなある特定の文献に即した仕事」とみなされるようになったのである（同書：71）。

私がこの点をとくに重要と考えるのは、日本では、西洋哲学の新しい内容を受容するという困難な過程の中で、まさにこうした「仕事」と伝統的な中国＝東アジアの知的世界に由来する古典の教授および注釈のプラクティークとが重なり合ったからである。言い換えれば、ペートナー／ハイゼも指摘しているように、先にあげた哲学者たちの著作の講読やその解釈＝翻訳＝歴史的整理および評価が、究極の原理つまり形而上学やオリジナリティを求めるよりも、むしろかつての大家たちの書物に即した解釈を目的とする自分たちの伝統的なディスコースのプラクティークと結びつきえたということである。

このことは、ただたんに（集団による読書としての）ゼミナールという授業形態が、つい最近まで日本の大学での哲学教育において（唯一とは言わないまでも）支柱的役割を果たしたことに帰せられるだけではない。学派形成への強い愛着、外に対しては閉じながら内に向かってはヒエラルヒーを作る師弟関係などもまた、現実のコンテクストに向けて開かれるべく（大家／師匠の）テクストに対して距離をとることを困難にし、部分的にかつてのプラクティークに逆戻りすることになる。近代の大学という枠内におけるこの伝統の継承は、しかし逆説的なことに、そこで獲得される「西洋モデル」に即した方向づけと再び重なり合うことになる。というのも、十九世紀後半以降哲学学部では学科の専門化と大学での研究教育事業の職業化がよりいっそう進行したからである（同書：37）。

（2）哲学は、固有の研究方法と対象領域をもった専門や学科として、徐々に分離分割されていった。すなわち、まず初めに数学・自然科学と哲学・人文科学の分割がおこなわれ、人文科学はさらに歴史学と社会科学に分かれ、哲学は哲学部の中の特別な学科にまで狭められる。日本に関して言えば、日本の大学はこの過程に結果の側から出会っている。それは、学派ないし師弟共同体の秘儀化と折り合うような事態であり、哲学においても伝統的に受け継がれてきている。丸山眞男が論文「日本の知識人」の中で知識社会学の観点から、日本において専門化された知識人が早々に登場しえたのは「西欧の学問のそのつど専門化された専門分野を個々に輸入した」からであると指摘するとき（Maruyama 1988: 109）、彼はこの問題を的確にとらえていたのである。

（3）哲学の歴史化が、その文献化ないし解釈学化とも呼ばれうることは、先にも引用した通りだが、シュナイダーはこれに加えて次のように断言する。後者すなわち解釈的実践は「個々の著者、個々のテクストに向かう運動」を意味し、そのことが「哲学論争を文献学の仕事に変身せしめた」のだと（同書:71）。しかもこの文献学化は、「東」と「西」の思考様式が出会う転轍機として意味があるだけではない。それはあの十九世紀末以来ドイツの大学で専門学科として成立してくる知識領域、すなわち異国の文化を対象とし、哲学学部の懐中で制度化していく領域、具体的には中国学、インド学、アラビア学、日本学にとっても大きな意味をもっている。日本学は、ケンパーやシーボルトのそれのような前大学的形態にあっては、まだエンサイクロペディア的、博物誌的に位置づけられ、観察者の旅行において蒐集され、観察者の自文化の経験的な与件と比較されるものであったが、やがて大学の学科として文献学的な知識へと限定されていった。それに伴って「日本」は、翻訳や注釈のテクストに表現されるようなものになっていく。どのようなテクストが、どのような観点におかれて、カノンにまで高められていくのかは、本質的には東西の区別をもたない近代的な大学知の基準によって、規定されるようになっていくのである。

とりあえず、以上で私の堂々めぐりの論議は終わるが、日本についての哲学史は、この文化の自己了解の生成過程を記述するという意図のもとに、同時にそれの解釈や評注、ひいては日本像を生み出していくことになる。しかもこうした試み、つまり哲学史的、回顧的な仕方で、他者に「日本」というアイデンティティを供与しようとするのは、まさに、我有化と疎隔化の道にもつながる。それは、つねに自己探究、自己規定として、時間的には過ぎ去ったもの（テクスト、問題）の「再現」によって、また空間的には他者性ないし疎隔性を他の地域に地理的に投射すること、すなわち「虚構の地理化」（Ōnuki 1997: 11）を結果するのだ。他者像とともに自己像が、自己像とともに他者像が合わせ鏡のように示されると、両者の間でその設計者たちのそのつど異なった志向意図が照らし出され、その互いに呼応し合うポートレートの総体から、その構造に本質的に関与している哲学という学科の存在を読みとることもできる。だが、少なくともマックス・ヴェーバーの時代には、まだその自己懐疑はわずかなものであったため、西洋近代の合理主義の否定的な引き立て役として、中国研究やインド研究は何の矛盾をも呼び起こすことはなかったと言える。

これに対して、ペートナー／ハイゼの日本の哲学史的再構築の試みは、今日哲学（およびそれに方法的概念的に影響を受けている人文科学や社会科学）の中でおこなわれている基本方針をめぐる闘いという観点から見る限り、明らかに普遍主義的な他者の同化と排除に、批判的な立場をとっている。単数形の人間的精神とか哲学の代わりに、人間相互の合理的関係の複数性などが前提されていたりするのが、その例である。にもかかわらず、彼らの試みは結局、差異をさまざまな同一性に限定するために、もっぱら近代の大学における普遍知を総体として補完するものとなってしまうように思われる。というのも、そうした知はさまざまな相違を「イズム」へと体系化し、二分法に還元することに慣れてしまっており（彼らの場合で言えば、呈示的な象徴＝トピーク対基礎づけをする代表象的な合理主義＝批判とか、東対西）、まさにその対比法のせいで、彼らの試みは、好むと好まざるとにかかわらず、自らの制度の外部にありながら秩序の産出に手を貸し、イデオロギー的な塹壕戦のための道具となってしまうからである。

四　パースペクティヴ変換

とはいえ、ここで問題になっているのは、シュナイダーを援用して述べたような、哲学史つまり歴史化された理性としての哲学が決定的な役割を果たし今日にまで及んでいる自己像と他者像の産出のメカニズムを、道徳的に考察したり評価したりすることではない。むしろ注意が向けられるべきは、こうした産出が歴史的コンテクスト抜きに恣意的におこなわれるのではなくて、近代化していく社会や文化の内在的な構成要因となっているという事実である。言い換えれば、その産出が自らの新たな同一性への欲求を満たしながら、それによってそれ自体がまた複雑な日常のプラクティークの中にはめ込まれているような特定の制度的規則によって操られているという事実である。

近代の大学は、比較的自立的で普遍的な認識を目標とする学問企業体となっているため、この日常被拘束性と規則による制約を否定し、忘却する傾向にあるが、この企業体の中で製造される観念、理想、同一性といったものがそのダイナミズムを失い、実体へと凝固してしまう原因が、そこにある。昔からあるこの現象は、大学というサブ・システムがもたらした知のタイプの要求する普遍的な妥当性を通しても、またこの修学コースを修了した者たちの量的増加を通しても、次第に全社会とその文化の中に浸透していった。

これは文化の問題として、近代の一変種たる西洋の側に帰せられ、東洋的近代の方はトポス的な態度を保っていたというような話ではない。むしろあらゆる近代の構造上の共通性として、どんな個々の社会をも貫いて、いわばあらゆる文化に内在するかたちで、二つの知識形態ないし言説形態の間の裂け目ないし境界が存在しているということである。したがって、哲学的反省でもあるわれわれの課題は、ある一つの文化の内部にある、両者の特殊なネットワーク化を確かめることにある。

たとえば、日本で西洋文化の内容や形式が受容されたとき、それがどのように固有のものと結びついたのか。その場合、抑圧されたり、明確に東洋的＝日本的として日常、美学、道徳、宗教などの分野に振り当てられたものは何か。あるいは、そもそも個々の部分領域の内部にある「東―西」というトポスの機能化が、権力のディスコースたる「イズム」としてのイデオロギーの次元におかれるやいなや、差異化のダイナミズムを失って制限的で二分法的な「死せる同一性」(Kobayashi 1997: 4) に凝固した相互補完のエレメントになってしまうのは、どのようにしてか。さらには、日本内部の政治ないし世界観の前線に沿って、どのようにしてそのつど異なった西洋の知的文化の優位が確立したのか (「ドイツ」の憲法や哲学、音楽における精神性、芸術家や文学者たちの間の「フランス」のエスプリ、文学における「ロシア」精神、「イギリス」建築)、等々の課題である。

近代日本は、そのような要因の特殊な組み合わせからできあがった不均質な現実でありながら、まさにそのようなものから自らのアイデンティティを獲得してきた。こうした事情はしかし、コンテクストから離れた哲学およびそれと密接につながっている文献学としての日本学によっても、さらにはまた無反省でヨーロッパ中心主義的な社会科学的日本研究によっても、明らかにすることはできない。そのためには、今日たんなる学科間を越えて、さまざまな専門分野同士の協力が必要となる。とくに重要になるのは、個々の学問文化ないし文化一般の間のパースペクティヴの交換である。これによって、それぞれの文化は不断に自らに対して距離をとらねばならなくなり、一見（方法および学術語において）自明に見えるものが改めて意識化され、その結果「与えられたものの確固とした現在が明らかになり、それがわれわれを運び行く歴史の流れの構成原理へのまなざしを与えてくれるのである」（Engler 1992: 24）。

哲学および人文科学の学科（および日本学を含む「地域―学 Regio-logien」）は「知識社会学の反省的プロジェクト」を必要とするが、そのモットーは「理性のまなざしをそれ自身の構造へ」である（同書: 36）。こうした学科が必要としているのはまた、その確実性を他者についてのモノ・ローグではなく、他者とのディア・ローグまたはポリ・ローグによる自己相対化を通して獲得する、コミュニケーション知である。そのための前提となるのが、具体的な知の（再）生産者たちの少なくとも二文化にまたがる見識、すなわち今日いまだ厚い大学の壁の中においてよりも、むしろ断片的な日常の実践においてよりよく学ぶことができるような、アクチュアルな能力である。このように日常に対して開かれること、その過程的性格を抑圧することなく、むしろ日常を無意識の出所ととらえ、またそれに対して批判的に距離をとること、ここに知識社会学的に開かれた学問研究のさらなる挑戦がある。

最後に、長い間学問および日常意識のなかにあるエキゾチズムの典型例の一つであった「茶の文化」というテーマに即して、これまで述べた課題の日本学への適用に役立つと思われる、三つのパースペクティヴ変換を提示してみたいと思う。とはいえ、ここでいうパースペクティヴ変換とは、たんにあるパースペクティヴを他のパースペクティヴに取り替えることを意味するのではなく、われわれ研究者が自覚的にさまざまな社会文化的コンテクストに関与し、つねに距離をとった観察者でありつつ、しかも自ら参加者でもあることを意味している。

問題となる変換は、

（1）実体化的パースペクティヴから過程的パースペクティヴへの変換
（2）博物館的パースペクティヴからコミュニケーション的パースペクティヴへの変換
（3）産出的パースペクティヴから参与的パースペクティヴへの変換

である。

これらを茶の世界に由来する三つの逸話を使って、説明してみよう。ちなみにこれらの逸話は、その「偶然という特性」にもかかわらず、「より包括的な発展または構造の重要な構成要因」として歴史を代表するがゆえに、それ自身物語として伝承されてきたものである（Greenblatt 1994: 11）。

秀吉が一五八五（天正一三）年に、宗匠千利休の助力を得ていわゆる「禁裏茶会」を開き、正親町《おおぎまち》天皇に関白任命の感謝を表するとともに、自分の強大化した政治的、文化的な権力を誇示した二年後の、一五八七（天正一五）年の終わりに、彼のイニシアチヴで有名な「北野大茶湯」が催された。八百人を越える茶の愛好家たち（武士、町衆、農民）が、秀吉または彼の三人の茶の宗匠たちから茶を一服ずつふるまわれ、その三人の宗匠の中には千利休も入っていた。客たちは互いに自分の持参した高価な茶器や絵、とくに当時好まれていた「唐物」を見せ合った。秀吉もそれらの豪奢品を誉めたてたので、持ち主たちはそれをまた家に持ち帰る勇気はないなどと言い合ったりした。この催しのクライマックスは、十五世紀以来栄えていた「書院茶」である。この名前は新たに身分が上がって貴族化した武士たちが自分の屋敷を造らせる時の「書院造り」に由来するものであり、茶会用の応接間「書院」には高価な物が趣向溢れんばかりに置かれ、その政治的、経済的力を文化的、美学的にも誇示したのであった。

こうした権力と威信の誇示に対抗したのが、利休の「一畳半草庵」にその粋を見る「侘茶」である。このなかで支配者かつ保護者としての秀吉と、彼の分身ないし道化たる千利休との、まったく別の出会いがなされた。あまりに狭い部屋には、もはや名品を見せるための書院茶のシンボルとも言うべき「台子」など置く余裕はない。ここで人々は慎ましく自足した雰囲気の中で膝を突き合わせて座り、互いに観察し、相手がどのくらい自分を律し、自分の情熱を抑える能力を持ち合わせているかを計ったりしたのであった。というのも、平穏な社会になって以来、だれにとっても、とりわけ武士にとって、自制は重要な行動様式となり、人々はそれによって刀をもって獲得した威信を再び失うまいと願ったからである。

秀吉からおよそ三百年後の一八九五（明治二八）年、勢力を誇った三井物産会長であり芸術愛好収集家でもあった益田孝は、品川邸で茶会を催し、その少し前に手に入れた真言宗の開祖弘法大師の書を、その年の弘法大師誕生会に茶室の装飾として披露しようということから、この茶会を「大師会」と命名したのであった。「大師会」はその後二十年にわたって大きな社交の場となり、そこには日本を代表する（そしてまた外国の）政財界のエリートたちが招かれた。彼らは自分たちの「ザ・ニュー・大名」（Guth 1993: 126-160 参照）としての権力を豪華な骨董品のコレクションによって示し、また同時にこの出会いで得た人脈を強化したのであった。益田の茶のモットーは「茶是常識」であった。益田はこれによって「美」と功利的、実用的な人間関係（つまり美学と権力）を打ち立てるために、禅仏教に由来する茶の湯の精神的、哲学的要素の方を背景に押しやった。

他方、ちょうどこの頃、岡倉天心の『茶の本』（一九〇六年）などによって、千利休の「侘茶」が禅と融合した特異な日本的伝統へと帰されることになる。だが、茶の様式を担う生きた人間的コミュニケーションは、この伝統から基本的に消え失せ、それによって禅が隠遁的「東洋」として物質的、攻撃的、テクノクラート的な「西洋近代」に対置されたのであった。そしてこのことは、日本においても欧米においても生じた。

この三つのパースペクティヴ変換に関して、以下のようなコメントをしておこう。日本を美学と宗教に還元することは（またその裏面として、ハイテクを生産するワーカホリック・アニマルの共同体に還元することも）「「知」と「倫理」の領域、つまりごく普通の日常において行動し考えている日本人たち」を無視することになる（Karatani 1996: 1007）だけではない。文化的プロセスのマトリックスたる、具体的に行為する諸個人の、歴史的にそのつど異なった社会的布置関係もまた、手つかずのままにされてしまうのである。

中世末から近世初めにかけての茶の湯は、公家、武家、町衆／町人たちのさまざまな利害関心や行動様式が交錯し合う領域であって、その身分的ヒエラルヒーの性格は、拡大していく機能上の相互依存関係をも含んでいた。だから「書院茶」と「侘茶」を、たんに特定の身分に割り当てられるような歴史的に継起する様式（利休において頂点に達し、続く江戸時代の何百年かの間に変容されてわずかに「凝固」し衰退したものとして残った様式）とみなすだけでは不十分である。町人利休と武士秀吉はこの二つの茶をマスターし、それらを状況に合わせて、つまり威信と権力を高めながら、実践することを知っていた。茶によって社会的に出世した者は文化的にも名を成し、そこに成り上がり者たちとの弁別を図るための、あるいは欠如していたり失われたりした権力の代償としての昇華行為がなされたのである。これは他の「道」と名のつくものや、他の時代にも当てはまるメカニズムである。この二つの様式にあっては「快の媒体」（Elias II 1988: 406-407）たる視覚と、洗練された会話が重要な意味を与えられ、物理的な暴力としての刀は、背景ないし芸術的象徴的および制度的に秩序づけられた規範へと押しやられる。この点において、近世の茶文化と西洋のサロン文化を比較してみる価値はあるだろう。

三つの茶の逸話に登場する人物たちは、社会的、文化的なネットワークの中に組み込まれ、そのなかで何らかの目標を立てて「行動」しているのだが、彼らは互いに孤立して「歴史を作っている」わけではない。とくに明治時代の政治経済や文化のエリートたちについて、彼らがその改革案、つまり西洋の成果を意識的、操作的に受容することによって、近代日本を建設したとよく言われるが、益田の「大師会」、つまり政治、経済、芸術、宗教など新旧のものが具体的に振る舞う人間の姿をとって相まみえる場所となった茶会は、以下のような問題を明らかにしてくれる。すなわち、この近代化は、全体として計画されていないまでも、構造化された過程としてどのように遂行されえたのか、伝統的な茶のコミュニケーション形式はどのようにして、近代的な内容あるいは形式を備えた理念を媒介したのか、茶の実践はそれに必要な自制、手続き、慎重さ、多機能性ともども、どのようにして「武士道」をビジネスに合流させるのにふさわしい媒体となったのか、といった諸問題である。

こうした近代的行動様式の訓練の場というパースペクティヴから見た茶の文化は、「博物館的」パースペクティヴのもつ一面性を免れることもできる。博物館的パースペクティヴは、人間と物をその生きた連関のダイナミズムから切り離し、近代的異質性のカオスの中に同一性を打ち立てようという目的のもとに、それらをある秩序原理の中に包摂してしまう。茶器に向けられた収集熱は、企業その他の諸制度のレベルでのコミュニケーション的観点と並行して、近代の始まりとともに日本でも博物館的成功を得た。その際、西洋の芸術愛好家たちは、これらの「芸術」品の発見者と収奪者（庇護者と商人）というアンビヴァレントな役割を果たし、明治の新しい権力者たちもまた自らの財源のために輸出するようになって以来、それらは日本人自身によっても芸術として発見され、議論の的にもなった。なかでも豪華品は、国の管轄となって美術館に集められ、無法な流出から保護された。それらは「国宝」として、いまや「日本的伝統」を有徴化するための人工の記憶となっている。しかしその代償として、それらは孤立した芸術品となり、かつてそれらを取り扱い、そこに特定の社会関係を体現させた、多くの存在を隠蔽することにもなってしまったのである。

注

（1）この章のもととなる論文が執筆公刊されたのは、一九九九年である。

（2）ちなみに、サブタイトルは Zur Genealogie der Universitätsphilosophie（講壇哲学の発生）。

（3）副題はそうなっているが、これは明らかにポッパーの批判的合理主義を受けたものである。

参考文献

Bierich, Nora 1996 “Was ist japanische Philosophie?,” *Deutsche Zeitschrift für Philosophie* 44 (6) Berlin: De Gruyter: 1031-1038. https://www.degruyter.com/view/journals/dzph/44/6/article-p1031.xml

Brüll, Lydia 1989 *Die japanische Philosophie. Eine Einführung*, Darmstadt: Wissenschaftliche Buchgesellschaft Darmstadt.

Elias, Norbert 1988 *Über den Prozeß der Zivilisation (II Bde.)*, Frankfurt / Main: Suhrkamp.

Engler, Wolfgang 1992 *Selbstbilder. Das reflexive Projekt der Wissenssoziologie*, Berlin: Akademie-Verlag.

Greenblatt, Stephen 1994 *Wunderbare Besitztümer: die Erfindung des Fremden. Reisende und Entdecker*, Berlin: Wagenbach.

Guth, Christine M.E. 1993 *Art, Tea, and Industry. Masuda Takashi and the Mitsui Circle*, Princeton, New Jersey: Princeton University Press.

Hamada, Junko（濱田恂子）1994 *Japanische Philosophie nach 1868*, Leiden, New York, Köln: E.J. Brill.（濱田恂子 2013『入門・近代日本思想史』ちくま学芸文庫）

Heise, Jens 1989 “Nihonron - Materialien zur Kulturhermeneutik,” In: Ulrich Menzel (Hrsg.) *Im Schatten des Siegers: Japan. Band 1: Kultur und Gesellschaft*, Frankfurt / Main: Suhrkamp.

Karatani, Kôjin（柄谷行人）1996 “Wo liegt der Ursprung der Moderne?” Interview mit Steffi Richter, *Deutsche Zeitschrift für Philosophie* 44 (6), Berlin: De Gruyter: 1007-1019. https://www.degruyter.com/view/journals/dzph/44/6/article-p1007.xml

Kobayashi, Toshiaki（小林敏明）1997 Versuch, das ‘Zwischen’ zu dynamisieren. Vortrag auf dem Kolloquium

Diskurs über den Menschen, Universität Leipzig, Juni 1997.（未公刊）
熊倉功夫 1995「破格の大茶人益田鈍翁の自由な茶の世界」『太陽』1995. 5: 17-22.
Maruyama, Masao（丸山眞男）1988 Die japanischen Intellektuellen, In: *Denken in Japan*. Übersetzt und Hrsg. von Wolfgang Schamoni und Wolfgang Seifert, Frankfurt / Main: Suhrkamp.
Ônuki, Atsuko（大貫敦子）1997 Europa - überall und nirgends. Inter- versus Intrakulturalität. Vortrag auf dem Kolloquium des International Institut for Advanced Studies Kyôto Die Struktur der interkulturellen Welt, Kyôto, Februar 1997.（未公刊）
Paul, Gregor 1993 *Philosophie in Japan. Von den Anfängen bis zur Heian-Zeit - Eine kritische Untersuchung*, München: Iudicium.
Pörtner, Peter und Jens Heise 1995 *Die Philosophie Japans. Von den Anfängen bis zur Gegenwart*, Stuttgart: Kröner.
Robertson, Jennifer 1996 'Internationalisierung' als Nostalgie im heutigen Japan, In: Irmela Hijiya-Kirschnereit (Hrsg.), *Überwindung der Moderne? Japan am Ende des zwanzigsten Jahrhunderts*, Frankfurt / Main: Suhrkamp.
Schneider, Ulrich Johannes 1993 "Philosophy teaching in Nineteenth-Century Germany," In: Laurence Brockliss (ed.) *History of Universities XII*, Oxford: Oxford University Press, 197-338.
Schneider, Ulrich Johannes 1995 L'historicisation de l'enseignement de la philosophie dans les universités allemandes du XIXème siècle, *Actes de recherche en sciences sociales* 109, Paris: Persée: 29-40.
Schneider, Ulrich Johannes 1997 Historisierung der Vernunft. Zur Genealogie der Universitätsphilosophie, Leipzig, Juni 1997. *
Varley, Paul & Isao Kumakura (eds.) 1994 *Tea in Japan. Essays on the History of Chanoyu*, Hawaii: University of

Hawaii Press.

＊この教授資格論文は、リヒターがこの論文を執筆した時点では未公刊だったが、後にSchneider, Ulrich Johannes 1998 *Philosophie und Universität*, Hamburg: Felix Meiner Verlagとして公刊されている。

第二章　モダン・タイムズへの日本の道——二つの太陽

一　ライプツィヒの日本ブーム

本題に入る前に、まず、私の住むドイツ、とくにライプツィヒでの消費文化事情に関する最近の面白い現象（1）を二、三紹介しておきたい。それによって、本章のテーマを含む「消費文化とモダン・アイデンティティ」という私自身の総合研究の課題を、いくらか明らかにできると思うからである。

第一の現象：数週間前に、ある全国紙の三面に「Mad Stalin is looking for Tokiomausi」という、かなり長い記事が掲載された。内容は、日本で有名だと言われているDir en greyというメタル・ゴシック・バンドがベルリンでコンサートを開いた時のレポートである。この記事によると、バンドやコンサートについて、ポスターや新聞など何の広告もなかったにもかかわらず、三日間でチケット三五〇〇枚が完売になった。しかもDir en greyというバンドがヨーロッパのロック界ではまったく知られていないのに、おもに一八歳以下の少女ファンたちが、ドイツだけでなく、イギリス、フランス、イタリアなどからベルリンへやってきたという。このファンたちは、マンガ界のチャットルームcyberspaceを通してしかコミュニケーションをせず、彼ら独自の、いわゆる「オタク」の世界で暮らしている。この「オタク」たちは少女マンガだけではなく、あらゆる日本のポピュラー文化（コスプレ、J-Pop）を崇拝しており、彼ら／彼女らにとっては、Dir en greyのメンバーはカワイイ少女マンガの主人公と同じで、日本語はさしずめ新しいエスペラントになっている、といった内容であった。

第二の現象：ライプツィヒの中心部にあるKaufhofというデパートにできたハローキティ・コーナーには、あらゆる生活必需品がおかれていて、もちろん買うこともできる。ポイントは、このコーナーが四階の児童・玩具の売り場にあることである。少なくともデパート側はハローキティを、子供および遊びの世界に属する現象とみなしているのだろう。

第三の現象：「Manga-Corner」は、それとはやや異なっている。ここはライプツィヒ中央駅の書店で、女の子や男の子だけではなく、その母親たちも子供づれでマンガを立ち読みしている。ちなみに、ライプツィヒ中央駅はヨーロッパ最大の頭端式駅〔櫛形のホームの駅〕だが、一九九〇年代にショッピングモールに改造されて、夜遅くまで買い物ができる場所になっている。

最後の第四の現象：その駅モールに「TABETAI」という寿司弁当を売る店ができた。ただし最近では、エキゾチックなモノを提供する特別な店だけではなく、普通のスーパーでも、寿司は販売されるようになっている。

似たような現象はまだまだあるが、これらの例を通して言えるのは、私が日常生活を送っている（日本から遠く離れた「西洋」という）場所でも、われわれはさまざまな形で「日本のモノ」に出会っているということである。そしてそのとき、物だけではなく、それに伴って日本語もまた、それとなく日常語の中に入り込んできているのである。商品化された日本のポピュラー・カルチャーは、東アジアの大部分だけではなく、やがて西洋諸国の日常生活をも「征服」するに至るのだろうか。また、最初に述べたような現象に出てくる「西洋」の消費者にとって、「日本」というシミュラークルは何を意味するのだろうか。ここではこれらの問題に立ち入って論じる余裕はないが、私は、いま述べたような現象が「消費文化とモダン・アイデンティティ」という問題領域を研究するのに、有効な背景をなしていると考える。

消費文化という場合、とくに私が具体的な関心をもっているのは、「購買意欲の殿堂」とも呼ばれる（日本の）百貨店（デパート）文化である。今日のグローバリゼーションの時代では、古き良き老舗にも危機が迫っており、「百貨店が消える」という言葉さえ聞こえてくる。私の場合、「東急」「三越」、（ドイツの）「カールシュタット Karstadt」などの老舗の支店の統廃合や、それらのトランスナショナル・サイバーショップ（たとえば eBay）への転身といった現在の急激な変化と並んで、ナショナルな消費文化の一部としての百貨店の歴史的発展と、国民性・民族性・ジェンダーなどのモダン・アイデンティティの変化との複雑な交錯にも関心が向いている。

私の考えでは、十九世紀半ば以降の近現代日本史は、次の三つの発展段階に分けることができる。
〔第一期〕明治維新から二十世紀初頭頃までの資本主義的工業国民国家の形成
〔第二期〕一九二〇年代から一九七〇年代までの大衆社会の段階
〔第三期〕一九八〇年以降の、いわゆるポストモダン社会への変化
これと並行するように、消費文化史や百貨店文化史にも、三つの大きな発展段階を認めることができる。
（1）一九一〇年代までに「贅沢の神殿」として作られた都心デパート。その原型として「三越」「高島屋」「大丸」「松屋」「松坂屋」「白木屋」などの高級百貨店があげられる。
（2）これらの「ターミナル百貨店」という大衆消費の場への変化。たとえば、一九二九年に小林一三は梅田駅頭に「阪急百貨店」という最初のターミナル・デパートを開いた。
（3）そして、一九八〇年にいわゆる「脱百貨店化」の時期が始まる。その先駆としては、西武・セゾングループがあげられる。その「モノからコトへ」というスローガンには、これからの百貨店が新しいライフスタイルを創り出す空間として機能すべきだというメッセージがこめられている。
もし「日本らしさ」などのモダン・アイデンティティが、百貨店という現実やそれに関する言説空間の中にも形成されるとしたら、いま述べた三つの時期に沿って、その「日本らしさ」の変化、あるいは「日本らしさ」の形成過程に関しても、次の三つの時期（あるいはパターン）を想定することができよう。
（1）おもに政治的・経済的・知的エリートに代表される「耽美的な日本らしさ」

（2）新しく登場する中間階級に代表される「文化生活の日本らしさ」
（3）ポピュラー・カルチャーに潜む「クールな日本らしさ」

もちろん、この三つのパターンは（発達論的な意味で）順々に交代していくというより、具体的な歴史的文脈に応じた相互関係にある。そして、あらゆる「日本らしさ」の構築には必ず「西洋」と「東洋・アジア」との対極化が伴う。この「日本・アジア・西洋」という三極図式の緊張関係において成り立つ「日本らしさ」が、いったいどのような政治的・経済的・言説的権力関係の中で機能するのか、あるいはどのような権力関係を表わすのか等々に、問題の所在を見出すことができる。私自身は、そうした問題点と取り組みながら、消費文化史としての日本近現代史を再考しようと考えており、この章はそうした研究プランのひとつのささやかな「モザイク石」である。

「此美人」（1911年）
橋口五葉（1881～1921）が描いた三越呉服店のポスター

二　あるデパートにまつわるエピソード

あるデパートにまつわるエピソードから始めよう。これはこの後話題にする時期の終わり、つまり一九一一（明治四四）年にまで遡る話である。この年の初め、三越デパートの広告部が秋のセール期間を控えて、ポスター・デザインを募集することになった。応募作品の中から五点が選ばれ、高額の賞金を獲得しているが、優勝は美人画を代表する橋口五葉であった。やがてそのポスターが駅、レストラン、銭湯などの公共の場に貼り出され、日本で最も古い一六七三年に創業された呉服店の新築七階建て西洋館への来店を、呼びかけることになる。十九世紀末以来、三越の前身である三井呉服店は、反物だけでなく、さまざまな商品を扱うようになっていて、より大きな建物が必要になっていたのである。新館三階には展示場も設けられ、ここには他の入選ポスターに加えて新製品や見本、その他の展示品が並べられ、来客の目を奪った。

すでに一八九五（明治二八）年には、意匠部と呼ばれる新しい布柄をデザインするための部署ができていたが、一九〇九（明治四二）年にそれが、模様全般のデザインを担当する図案部へと拡大される。これを率いたのが、杉浦非水である。

杉浦は一九〇一（明治三四）年に東京美術学校（現・東京芸術大学／日本画選科）を卒業し、やがて三越をおもな舞台として活躍し、「日本のプロ・デザイナーの元祖」として知られている。神野由紀によれば、杉浦は「三越趣味」の創造に決定的な役割を果たしたという（神野 1994: 198）。杉浦とその協力者たちには、日本は明治の初めの数十年間に、西洋から入ってきた物的、制度的な文物の第一波に飲み込まれてしまった、という思いがあった。だから彼らは、新しい「三越趣味」は、「日本の伝統」を失うことなく、「国民の日常生活」にかかわるすべての物を精神的に、つまり道徳的、美的に脚色加工しなければならないと考えた。

この「洗練された趣味を育てる」ためには、一八九九（明治三二）年以来発行されていた月刊誌も動員されることになり、これは一九一一（明治四四）年からはその名も文字通り、『三越』というタイトルで発行されるようになる。この雑誌は杉浦の美術指導で、外見上はほとんど芸術作品と言ってもよいほどになっている。表紙や本文の挿絵には、江戸版画のテーマとテクニックを使って、ユーゲント・シュティル（＝アール・ヌーヴォー）の要素が巧みに採り入れられている。内容的にも都会の上流階層の女性をターゲットにしている。この雑誌はたんなるカタログ以上のもので、四季に応じて新しく考案された着物の柄やアクセサリーなどの付属品、またその他の洋物を含む商品の宣伝となっている。また模様デザインの募集をおこなったり、その受賞者を発表したりもしているし、さまざまな西洋文化のモードも紹介されている。

このモードや流行の意識、つまり日本の社会現象としてのモードのテーマ化は、このテーマをめぐる物語や短編小説などにも見られた。たとえば『三越』明治四四（一九一一）年五号には、森鷗外が「流行」という短編小説を寄稿している（『森鷗外全集』第八巻所収）。さらに芸術家、作家、ジャーナリスト、学者たちのネットワークができ、その人たちが「モダン文化のパトロン」三越の各部署の責任者たちの主催する、さまざまな研究サークルや討論サークルに招かれて集まってきた。雑誌『三越』には、そのようなサークルのひとつ「流行会」の月々の報告や、そこでおこなわれた講演などが、長期にわたって掲載されている。

こうした活動の中心となったのは、西洋をめぐり歩いて、デパート経営とその文化に関してさまざまなノウハウを学んできた日比翁助だった。一八九八（明治三一）年から十年以上にわたって広報を担当した日比の目標は、イギリスの百貨店ハロッズをモデルにして、三越を近代デパートに仕立て上げることだった。彼のモットーは「学俗協同」といって、文化と経済の共生を狙いとしていた。神野によれば、このスローガンの解釈は、経営者側と日比のような知識人とでは食い違っていたという。つまり前者は、文化的努力は結局利益追求のためであったのに対して、後者は、企業は文化と教養の育成を通して公共の利に貢献し、その成果を国民のより良き生活に役立てなければならないという理想を自らに課していたという（神野 1994: 52, 142）。消費やデパートの研究者たちは、このような緊張に満ちた関係を「エデュテインメント edutainment」と呼んでいるが、これはとりわけ今日に至る日本の事情に、よく当てはまる概念と言える（Creighton 1992: 49-51）。

さて、これまで述べてきたことはいったい、時間、とりわけ近代的時間意識・時間観（感）、近代のアイデンティティとどのような関係があるのだろうか。機械時計、鉄道およびそれに関連する時刻表、学校、軍隊、工場労働、その他の制度の普及、これらは、具体的に生き、経験され、また表象される社会的時間の変化が社会の近代化との関連で問われるとき、その古典的なトポスを形成する。私はこの問題を、これまでこうした観点からはほとんど顧みられることのなかった消費文化、より正確には、「日本のデパート文化」という場所を例にとって、論じてみたいと思う。

デパート文化は、言うまでもなく消費文化の重要なファクターをなしているが、私はこの最も広い意味での消費文化のなかに、日常生活における近代的アイデンティティの形成を探るための重要な研究フィールドを見出す。このようなモダニティの形成は、これまでたいていは政治的、国民国家的観点か、社会経済的観点から考えられてきた。しかし私の関心は、その両面が交錯するところ、とくに日本のコンテクストで言うと、天皇制国家ないしそのイデオロギーと商業ないし消費が交錯するところにある。そこで、社会的な時間を導きの糸として、この関連を探ってみよう。

デパートの話には、この問題を考える上でひとつ大きな利点がある。それは、どのようにして歴史的な時代意識がアカデミズムの壁を越えて、すなわち歴史学の外部でも形成されるに至ったのか、そのプロセスにわれわれの目を向けさせてくれることである。具体的には、どのようにして「伝統」「近代」「江戸文化」等々の表象が、「モード」「コンテスト」「競争」「広告」「デザイン」あるいは「ノスタルジー」といった諸概念との交錯のなかから出てきたのか、またどのようにして、こうした表象が新たに登場するメディアの言説を通して媒介されたのか、というプロセスである。新しい時間表象や時間知覚は、けっして「上から下へ」向かう制度的権力によってのみもたらされたわけではない。それらはさまざまな社会的諸力による、時間の意味をめぐる格闘の結果でもある。このような背景のもとに、さらに次の二つの問題を指摘しておこう。

(1)さまざまな自然的与件にも左右されて、それまでお互いにばらばらだった生活世界やそのリズムが、十九世紀の中頃から、どのようにしてシンクロされていったのか。

(2)さらにこの「内的」なシンクロ化は、強力な西洋の時間象徴や時間制度の影響を受けながらも、けっして時間的に単一の世界を構成してしまうことがなかった。

そこで、明治改暦と年中行事という制度の近代化に即して、変遷をたどった日本人の時間表象および時間経験を具体的に追ってみよう。

三　二つの太陽

先に紹介したエピソードは明治四四年のことで、したがってその翌年、すなわち一九一二年夏発行の雑誌『三越』の七月号は明治四五年となっているのだが、次の八月から一二月までの号は元号が改まって、大正元年の日付となっている。これらの号は、三越が明治天皇崩御に際してどのようなことをしたのかを、写真入りの記事で報告している。そこでは国民に黒の喪服を着ることが推奨され、その着付の説明までが載っている(2)。こうしたアドヴァイスには、むろんそれに見合った具体的なお勧め品が一緒に紹介されているわけだが、まさに新しい元号の始まりもedutainmentに満たされていたと言うべきだろう。

しかし、このような天の支配者による統治期間と緊密に結びついた元号制、すなわち一世一元の制は新しいものだった。一八六八（明治元）年九月に導入されたこの制度は、近代の国民国家形成にとって重要な時間的インストゥルメントだった。皇室は同じく新たに形成された国民の統合の象徴となったが、対外的には、十九世紀中葉以来西洋列強からの強大な外交的、軍事的、経済的圧力のもとにおかれていた。そして国内においては、国家の中枢は、民族中心主義的な国体イデオロギーに依拠していた。このイデオロギーによって、日本はひとつの有機体を成しており、その核心たる現人神《あらひとがみ》天皇は至高の太陽神たる天照大神の後裔として、臣民とは血縁によって切り離しがたく結ばれているという考えが流布された。そしてこの天照大神の命を受けて、かつて神武天皇が現世に皇位を得て以来、一八六八年は二五二八年目に当たるというわけである。

このような直線的な数え方は、それまであまり知られてはいなかったが、慣例のないことではなかった。これらが意味をもつようになったのは、伝統的な時間環境に対する明治政府の新たな干渉とも無関係ではない。それは改暦、すなわち太陰暦から西洋のグレゴリー暦への置き換えである。

この明治の改暦によって、旧暦明治五年一二月三日は、新たに明治六年一月一日とされるのだが、公布された最初の太陽暦では、明治六年は「神武天皇即位紀元二五三三年」の下位概念として扱われている。これは対外的なシグナルとも理解できるだろう。たしかに、西洋渡来の太陽の運行に従った暦は正確で合理的モダンではあったのだが、日本における時間の経過が、そのようなキリスト教の年数計算に素直に従うわけにはいかなかったからである。改暦には、一年を三六五日一二ヵ月とする以外に、一日を夏冬区別なく二四時間とすること、それに従来の神々に関係する年中行事に代わって、すべて皇室神事に対応する主要祭日および年中行事が入れられた。

要するに、新しく二つの時間コンセプトが、制度化されたことになる。ひとつは「神話的太陽」という固有の過去にかかわるような、周期的かつ直線的な太陽暦としての天皇時間、もうひとつは「科学的太陽」を範とする西洋の啓蒙的時間基準である。ちなみに後者の場合、西洋は同時に将来の発展の鏡でもあった。この二つの時間コンセプトは不可分に交錯して、まずは国家制度や公共の空間を通して広がり、やがて人々の日常生活の中に入り込んでくる（徴兵制による新しい軍隊、近代教育、交通、コミュニケーション・システムから生産施設、商取引の施設に至るまで）。西洋式の時計および時刻表が、公共の場での不可欠な要素となるが、それはまた、その読み方、扱い方を初めとして、どのように国民の祭日がとりおこなわれるかを正確に説明することにも当てはまる。
なかでも興味深いのは、いま述べたような制度改革に伴って、その改革の目的や機能を媒介伝達するメディアの言説が形成されたことである。そして同時に、それには象徴的な性格が与えられる。時計を使えること、あるいは懐中時計や腕時計を身につけることが「モダン」となり、文化的なプレスティージとなる。新たに指定された国家の祭日を祝うことは、愛国的であると同時に、モダンにもなる。たとえば、西洋の太陽暦による新年、一一月三日の天長節、新嘗祭、あるいは春と秋の皇霊祭などがそれである。

官公庁、ジャーナリスト、知識人たちは、さまざまな地域での反応がどのようなものであったかを書き残している。地方の騒乱や抵抗、賞賛と非難、授賞や表彰、これらが示しているのは、幅広い「時間との、あるいは時間をめぐる格闘」であった。たとえば、新年節は約一ヵ月早められ、農業関係、とくに米作に携わっていた人々に大きな問題をもたらした。収穫期と新年の間隔が狭くなって、従来の宗教上の儀礼に必要な物が揃わなくなったからである。同じことが、一ヵ月早まった花見にも言える。ついでに付け加えておくなら、そのことは花見を季語として使っていた俳諧や和歌の世界をも動揺させた（岡田 1994: 248）。

そこで、妥協策が画策されることになった。これは「モダン」とは何か、「伝統」とは何か、そしてその両者の関係はどうなるのか、といった問題と並行して進んだ。言い換えると、日本においても「時間をめぐる格闘」を通して「都市と地方」「中心と周縁」「ゲゼルシャフトとゲマインシャフト」「個人と共同体」、そして「モダンと伝統」「啓蒙と野蛮」という近代的ディコトミー（二分法）が形成されたことになる。都市はすでに一九〇〇年頃を境にして、スピードと未来志向（これが意味するのは、国家の発展と個人の進歩だが）と同義であると同時に、カオスであり、ゲマインシャフトにとっての脅威でもあった。他方、田舎ないし村は停滞であり、「同じものの永劫回帰」だったが、同時にそれは記憶された過去として、ますます単純素朴、共同体精神、文化的アイデンティティなどの理念と結びつけられるようになる。

政治経済分野および知的分野のエリートたちは、この両極をはっきり区別していたが、だれ一人として、「モダン」か「伝統」のどちらか片方に立つということはなかった。先に触れた、日比翁助と彼につながる知識人のネットワークに戻ってみよう。

雑誌『三越』一九一一（明治四四）年八月号は、七月に全国の地方公務員代表団の訪問を受けたことを報告している。彼らは「地方改良」をテーマに話し合うべく、内務省によって首都東京に招待された人たちで、その折に「三越呉服店」にも案内されたのである。記事の伝えるところによると、一行は大変感銘を受け、沖縄からやって来た高官などは、「児童用品研究会参考室」に展示してあった最新の玩具見本一式を、その場で注文したという。

この児童用品研究会は日本における「児童の発見」の重要な担い手でもあったが、この研究会には、児童本作家の巌谷小波《いわやさざなみ》も積極的に参与している。巌谷は早世した尾崎紅葉の友人で、またその精神的後継者でもあったが、その紅葉も日比に迎えられて、雑誌『三越』の手助けをした人物の一人である。紅葉はこの雑誌に、上流階級の男女や芸者などを主人公にした短編小説を寄稿し、その主人公たちの豪華な服装や洗練された趣味を通して、遅れた「田舎者」とは違った、都会のモードや消費についての意識やその精通ぶりを示して見せた。

しかし事態を複雑にしたのは、過ぎ去った時代すなわち江戸近世を、紅葉が引き合いに出してきたことだった。江戸時代はそれまで、政治的エリートにも啓蒙家たちにも、明治の近代化にとってのネガでしかなかった。それが一般的な「江戸ブーム」と相俟って、ある特定の要素の選別を通して、ひとつの理想に仕立て上げられたのである。いまや日本固有の洗練された趣味は、この理想をモデルとしなければならないというわけだ。この「江戸趣味」は、基本的には三越デパートによって演出されたものだが、同時にこうした「日本固有のものへの意識」とか、それと連動した自己アイデンティティ形成のための、過去の歴史の変形などは、すでに十九世紀末から始まり、日露戦争後にはいわば時代精神のようになっていたのである。

四　Edutainmentとしての年中行事

もう一度、先に触れた「学俗協同」という日比翁助のモットーと橋口のポスターに戻ってみよう。後者は懸賞に応募した作品の中で、最も優秀とされたものである。この募集は一九〇五（明治三八）年六月以来、次第に激しくなる競争の資金調達のために三越デパートが定期的に主催したものだが、その競争はただたんに優良商品のためだけでなく、企業イメージのためでもあった。このコンクールをオーガナイズしたのが、前に触れた「流行会」のような三越自前の研究会であり、これらの研究会を背後で支えたのが、広告部、意匠部、図案部などの部署であった。これらの部署は協力して実業家と知識人のネットワークを築き、さらにそのネットワークが経済資本、象徴資本、つまり利益と啓蒙の獲得に向けて尽力したのである。

このネットワークの仕事には、他に次のようなものもあった。おもに展示会のような公開行事のオーガナイズ、特定テーマについてのリサーチのオーガナイズ、そしてその成果を講演や論文にまとめて自前の出版物を通して発表することなどである。こうしたネットワークやその活動から生まれた商品、イメージ、言説のネットワークや消費を通して、好奇心（新しいものへのあこがれ）とノスタルジー（古き良き時代へのあこがれ）、それに直線的時間表象と循環的時間表象の交錯する新たな形式が、多様な日常世界に入り込んでいったのである。

橋口のポスターに描かれている着物その他は、明らかに三越の意匠部と図案部のデザインを意識したものである。これらの部署は、一九〇〇（明治三三）年に商品開発のために立ち上げられた「商談会」という研究会のイニシアチヴで、何百年も職人たちが使ってきた秘伝の図案帖を全国各地から集めた。このような図案帖やそれに基づくデザインや製品は、ほとんど形を変えることなくその職人の家に代々伝わる遺産であり、その恒久性と持続性を保証するものでもあった。

それまでは、まず顧客に定評のある柄模様を見せ、その選択がおこなわれたところで初めて布地、織物その他の購入がおこなわれていた。そして新柄は、一般の日常生活ではあまり関心の対象とならなかっただけでなく、製造元、小売店、問屋にとってはリスクでもあった。しかし、伝統にとらわれていた小口の製造元も、いまや三越の新しい経営方針と結びつくことによって、この大きな変化を受け入れた。

その結果、新しいモードが客の購買意欲を駆り立て、広く欲望を呼び起こすようになった。こうして新モードがいまや三越のしかるべき部署でデザインされたり、また直接製造元に注文され、生産と買い取りがおこなわれるようになった結果、老舗の製造元を絶え間ない変化の渦の中に放り込むことにもなったのである。

同時に、このような新モードの創造は、すでに述べたように、伝統（技術）の収集に基づいていたが、この伝統の方もまた新しい秩序と中心化のコンテクストの中に受け継がれ、新たな意味を獲得した。とはいえ、これは次のようなアンビヴァレンツをもたらした。すなわち、この伝統は新しい商品デザインの構成要素として西洋に匹敵できる最新モードのための販売空間に昇格する一方で、運び集められた柄のコレクションは美術館化された空間に展示され、「日本的なもの」「固有なもの」へと様式化されていったのである。

さらに、四季の移り変わりに応じた従来の行事や習慣については、これまで地域によって多様だったものが国民的伝統へと変貌していくにあたって、デパートがその媒介の役割を果たすようになった。まず、衣食住という日常生活に必要な品物が新商品という形で提供されたが、それらの商品の販売は「年中行事」のサイクルに従っておこなわれ、「深く歴史に根ざした日本人の自然親和的情感」を保存するためとされた。さらに、このような四季と結びついた販売活動が、展示会とタイアップしておこなわれ、「年中行事」を思わせるような独自のコレクションで人目を引きつけた。このようなかたちの商品消費と文化消費の結合は、公式にはもはや、祭日でも休日でもなくなった旧暦（五節句・節気など）の祭日を、記憶のカノンの中に統合し、「日本の風俗」として再生産することになる。

このような例からわかるように、三越に所属するインテリのネットワークは、年中行事などの伝来の制度を近代化していく重要な媒体であった。その場合、こうしたネットワークに参加した人たちは矛盾したかたちで振る舞わざるをえなかった。というのも、まず彼らの百貨店のための活動は、好むと好まざるにかかわらず、また批判的スタンスをもつかどうかにかかわらず、つねに市場、より正確には商業資本の制約を受けていたからである。この資本は絶え間ない競争のもとにおかれ、結局は加速度的に物品を変転させていく以外にないのである。

ハンナ・アレントは『*Vita Activa*』（活動的生〔人間の条件〕）の中で、変化する生産形態と上昇期にある産業社会の消費との関連を指摘しながら、およそ次のようなことを言っている。「生産」は「労働」の方向に向かい、それと並行して「使用」はますます「消費」に近づいていく。かつてその安定性ゆえに信用と生活の指針を媒介してきた実用品は、ますます消費を自己目的とする商品になっていく。消費財になるや、こうした物品は文化的には消失していく。なぜなら、それは文化的記憶の担い手として世代から世代へと意味を伝えるという自らの役割を失うからであると（Arendt 1999: 104-106, 156-158）。

ネットワークに参加した企業精神に燃える人々は、市場向きの製品を模索したり創造したりしながら、そのプロセスが、明治日本とも折り合うような配慮を欠かさなかった。だが同時に、彼らの活動は百貨店を消費の殿堂、つまり永遠の改良や促進への強迫を文化的に定着させ、それを適度なリズムと結びつける場所に仕立て上げるような、別の方向にも向かった。このリズムがまた、年中行事という伝来の制度を統合し、本質的な意味で日本のデパートによる独自のデパート文化創造に貢献する。そしてまさにこの日本的デパート文化において、財の消費と使い慣れた物（つまりアイデンティティ）の潜在的消滅という事態が一種の「もののあはれの美学」によって救済され、さらに新しいアイデンティティ形成の過程の中に組み入れられていった(3)。このようにして、年中行事は国民国家化、世俗化、商業化そして美学化に与ったのである。

グロテスクや不合理の要素を一掃しようとする官公庁の試みばかりでなく、四季の暦に応じて、百貨店のガラスケース、ショーウインドウ、あるいは販売のためのポスターや広告、さらには展示会場を通して提供される商品のモード・デザインなどによっても、年中行事の美学化は生じている。かつてのコンテクストである、地方の日常や祭りでの生産と使用ということから離れて、それらはいまや美術館に収められ、「日本の伝統工芸」として、美学化のさらなる形態を経験することになる。これに関しても、それに見合った機関が創られ、たとえば一九〇七（明治四〇）年以来三越の本店と大阪支店に「新美術部」なる部署が設置され、その責任者には販売用展示のほかに、日本画、洋画、彫刻などの展示が委託されていくようになる。

三越デパートの資料室にのみ保管されている雑誌、カタログ、ポスター、展示記録、それについてのマスメディアの批評は、これまでほとんど陽のあたることのなかった膨大な資料を提供してくれるが、これを利用すれば、デパートと年中行事の絡み合いのメタファーとしての「近代版もののあはれ」が具体的に検証できるだろう。膨大なＰＲ誌『三越』のどこをめくっても、必ずその発行月におこなわれる年中行事や目前に控えた行事の記事が載っているが、それは芸術趣味溢れるとびら、巻頭言、その時季ごとに合わせた短文、新製品情報などの中にも見られる。

たとえば明治四四（一九一一）年五月号には、「益々盛んなる端午の節句」というタイトルで、五月五日の端午の節句に際して、何階のどこで、どのような人形（あるいは調度品）が展示され、またその値段はいくらかというような情報案内が出ている。商品リストの前につけられた文章は、以下のような内容である。ますます盛んになる海外との交流に刺激されて、日本国民もまた自分たちの風俗を自覚するようになった。国家の祭祀以外にも、いったん廃れた祭りに再び注意が向けられるのは喜ばしいことであるとか、この五月の節句は尚武の精神を養うのに最適である云々、といった調子である。これに続いて、さらに「幕末の江戸風俗・刀剣の付属品」と題した数頁分の文章も載せられている。

このような例を通して、さらにデパートと年中行事の交互関係という問題にも目を向けることができる。すなわち「日本的」とか「西洋的」といった文化的アイデンティティのメルクマール形成に際して、両者が果たした役割である。先にも「ますます盛んになる海外との交流」は自国の伝統を再び自覚することになった、と述べられていた。そして〔雑誌『三越』の〕多くの論文や記事が長年にわたって問題にしたのは、次のようなことだった。すなわち日本、とくに三越はどのようにして華美な自社製品や毎号宣伝するハイカラな輸入品を顧客に提供できるのか、またどのようにして「日本的伝統」を失うことなく、「西洋の粋を集めた製品」を国民の日常生活の中に持ち込むことを可能にする趣味を育成できるのか、という問題である。

また別の論文や記事では、新興勢力や新興成金たちによる、たんに表面的に流行を追うだけの西洋の模倣が批判されている。そのような模倣によっては西洋文化の精神的深みが失われるだけでなく、自分たちの過去の保存すべき価値も放棄されてしまう。だから、いまこそ東西両文化を新しいもの、すなわち（新たな）「日本趣味」へと総合すべき時期であるという。

両文化の関係に触れた記事には、現状批判や将来の構想など、まださまざまなヴァリエーションがある。ここで考慮すべきは、これらすべての言説を貫く基本原理としての次のようなアスペクトである。すなわちそれは、何が「国民」にとって「洗練された趣味」なのかを求めるなかで、同時に「日本」が伝統化され、美化され、それによって、アンビヴァレンツ、野蛮、グロテスク、あるいはそう言ってよければ、「悪趣味」、下品としてのあらゆる通俗から解放されなければならないということである。

最後に、もうひとつ「時代」というアスペクトに触れておきたい。これに関するディスコースのおかげで、時代ごとの進歩や時間軸に沿った発展としての歴史意識が、狭いアカデミズムの専門家集団の枠を越えて、「国民」、少なくとも雑誌『三越』の読者のような人々にまで行きわたるようになったからである。実際、この雑誌の前の方のページには、現われてはすぐ消えていくようなモード商品の宣伝が載っているが、後ろの方のページになると、さまざまな文化の過去から現在に至る習俗を取り上げて、それらを比較評価するような記事が載っている。このように長い目で見ると、モードはひとつの国民の趣味、文化、豊かさを表現し、それを先へと進めていく現象として定着したことがわかる。ちなみに、この進歩を計測するための「時代」という尺度は、このようなプロセスを通して、アカデミックな歴史学の外部でも次第に使われるようになっていった。

新しく迎えた二十世紀の初頭には、江戸時代が取り沙汰され、将来を予測すべく、現在がそれと比較された。この江戸ブームには前に紹介したネットワークも取り組み、歩調をともにした。そのメンバーの何人かは、一九〇五（明治三八）年に結成された「流行会」の一環として「江戸趣味研究会」を組織し、その時代のさまざまな社会集団の服装、髪型、料理についての論文を発表している。

このブームの背景としては、とくに次の二つがあげられる。まずひとつには、明治維新からおよそ四十年後「古き良き江戸」を実体験した世代が次第に消え始め、そのため、ノスタルジーを伴ったその時代への回想が、都市の一般住民にも広がっていったことである。もうひとつは、日本における実際の近代化を、たんなる西洋の模倣にすぎないと批判するようになった知識人たちの動きと、このブームが連動していることである。しかし、初めて政治的に組織された反対運動を伴って高揚していく社会的緊張もあって、この批判は厳しく抑え込まれ、いっそう過去への現実逃避を結果することになった。このことは、まだナショナルなパトスを抱いていた、啓蒙第一世代の多くの「息子たち」に当てはまる。

「非西洋」文化の具体例に即してみるとき、まさにこのような言説上の戦略、つまり時間、時代、歴史といった問題領域から見た近代の構成体についての言説戦略がわれわれの関心を引くが、これまでの論議をもう一度まとめておくと、以下のようになる。

多くの知識人は、とめどもなく加速していく現状、カオスの様相を呈する変化の行く末を批判した。すべてが時代遅れになり、規範や価値観もまた、繰り返し疑問に付された。そのため自分たちの行為や判断に保証を与えてくれるような目安が求められたのだが、それには次のような二つの方向があった。

まず過去の中から（現存する過去としての）「経験空間」が再構成され、それがとりわけ「日本固有の伝統」によって満たされたこと。そしてそれがアイデンティティを創出しながら、西洋によって先取りされているかに見える将来の発展を見越した（現存されている未来としての）「期待地平」へと、動員されることができたことである（Koselleck 1989: 349）。

過去ないし伝統と、未来ないし近代を特定の空間に結びつけること、つまりそれらの地理化や地域化は、発展期の思想として歴史意識形成の日本型ヴァリエーションの本質的メルクマールを成している。そこに近代と伝統に対する批判も場所を与えられ、それが同時に批判対象、進歩のモデル、直線型発展モデルにとって欠かせない構成要素となった。というのも、三越研究会のメンバーの多くは、たんに江戸時代をノスタルジックに語るだけではなくて、未来、しかも美しく快適な、まさに「モダンな生活」をも志向していたからである。

やがて「モダン生活」「文化生活」というキャッチフレーズは、もはや三越その他の高級デパートが発行する出版物だけに限られなくなる。第一次大戦が終わる頃には、それは多くの観衆を集める展示会のポスター、また官公庁や知識人による啓蒙書などの中にも見られるようになる。日本は産業国家に発展することができたが、それは、広告キャンペーンが、わずかな上流エリートのみならず、幅広い住民層（といっても、それはまだ都会に限られていたが）にまで行きわたったことをも意味する。このことは、三越のような高級デパート、消費習慣、生活の加速化などに大きな変化をもたらした。そうしたなかからターミナル・デパートなども出てくるのだが、これはこれでまた、固有の歴史と知識人のネットワークをもった別のテーマになる。

注

(1) この章のもとになった論文は、二〇〇六年の『UTCP研究論集5』に発表されており、ここで紹介されている事柄も、その時点のものである。ちなみに、ここに出てくる駅の「TABETAI」という店やKarstadtというデパートは、二〇二〇年現在では存在しない。また、ここにはあげられていないが、毎年三月に開かれるライプツィヒの国際ブックフェアの開催中は、街中が日本アニメの登場人物のコスプレで溢れかえる〔第四章、第五章参照〕。

(2) 成沢光が指摘しているように「もとより白は、本来は忌忌しき色であった。(中略) いわば非常時間・空間の色であった。文明開化はこの色の聖性を消毒液で脱色 (世俗化) していく過程であった。やがて白装束は凶事の服から日常化して逆にハレ着となり、喪服は黒に変わる。白は〈近代〉の風景を明るく点綴しなければならない」(成沢 1991: 108-109)。

(3) もっともここでは「もの」と言っても、狭い意味での「物」を意味しているにすぎない。反対に、新たに登場してきた大衆消費社会にあおられて、「もののあはれ」「わび」「さび」といった伝来の観念が「日本的美学の古典的カノン」、あるいは西洋型、日本型を問わず、さまざまなオリエンタリズムへの通路を見出したのかもしれないが、当面それは筆者の仮説の域を出ない。同様に暗示だけにとどめるが、このような「近代版もののあはれ」は二十世紀最後の三十年間に見られるような、物余りと使い捨ての社会ともども、廃棄物など環境問題のおぞましい裏面をいっそう先鋭化していった。

参考文献

Arendt, Hannah [1958]1999 *Vita Activa oder vom tätigen Leben*, München, Zürich: Piper.（ハンナ・アレント 2015 森一郎訳『活動的生』みすず書房）

Creighton, Millie R. 1992 "The Depâto: Merchandising the West while Selling Japaneseness," In: Joseph J. Tobin, *Re-made in Japan: Everyday Life and Consumer Taste in a Changing Society*, New York: Yale University Press, 49-51.

神野由紀 1994『趣味の誕生——百貨店がつくったテイスト』勁草書房

Koselleck, Reinhart 1989 *Vergangene Zukunft. Zur Semantik geschichtlicher Zeiten*, Frankfurt / Main: Suhrkamp.

森鷗外 1911「流行」（1972『森鷗外全集』第八巻　岩波書店）

成沢光 1991「近代日本の社会秩序」東京大学社会科学研究所編『現代日本社会 4　歴史的前提』東京大学出版会

岡田芳朗 1994『明治改暦——「時」の文明開化』大修館書店

第三章　思想空間としての百貨店

一　資本主義的社会形成の発展段階モデル

ここでは、前章に取り上げた百貨店というテーマを、広く資本主義社会の一現象として解釈し、分析する。そのための大前提として、まず近代社会を通底する資本主義の三つの発展段階モデルについて語ることから始めよう。

第一段階は「レッセ・フェール資本主義」と呼ばれる時代である。この時代の始まりと最後は、次の二冊の本に象徴されるだろう。一冊は、一八四七年から翌年にかけてマルクスとエンゲルスによって起草された有名な『共産主義者宣言』、もう一冊は、二〇〇二年にドイツのメディア学者ノーベルト・ボルツが出した『消費主義者宣言』である。後者は前者を挑発するような題名になっていて、しかも内容的にもそれと反対に、現在の西洋資本主義社会をシニカルに肯定するものとなっている。たとえば、この資本主義社会は、ロマンティクな雰囲気も情熱もない居心地の悪いものとして描かれていながら、その一方で、暴力の対極をなすとされる消費を理由に、平和のイメージも与えられている。

この二冊の著作の間には一五〇年の歳月が流れ、その間に資本主義的な近代市民社会に大きな構造的変化がもたらされたが、この一五〇年をさらに三つの時期に分けることができるように思われる。これら三つの時期は、商品や文化の生産、政治支配、それにメディア、学問、芸術による自己解釈などの面で、そのつど特定の形態をとり、互いに相関関係にある。といっても、これはたんに前のものが終わると次のものが発展してくる、というような単線的な時間順序に従った区別ではない。それらは、一社会の内部や世界的空間において共存しうるからである。

『共産主義者宣言』は、この第一期のレッセ・フェール資本主義が危機を迎えた時代に書かれている。この時代は、市場争奪が東アジアにも及び、それらの国に政治文化的「華夷秩序」を枠組みとした孤立政策の放棄を強い、その結果一八七〇年代を過ぎると、日本にもマンチェスター資本主義が登場したのであった。こうしてブルジョアジーは、世界市場の開拓を通して、どこの国でも生産と消費にコスモ・ポリタンの性格を与えることになったわけである。

『宣言』は、この時期のことを描写するとともに、近代社会の解釈枠の構築にもかかわった。すでにその一頁目において、近代社会は「大いなる物語《マスター・ナレーション》」のパラダイムによって記述されている。この「大いなる物語」は、つい最近まで解放のディスコースとして普遍性を求めてきた。フランシス・フクヤマとともに、こうした解放の物語の「終焉」を宣言したボルツの『宣言』でさえ、まだこのマスター・ナレーションから解放されてはいない。蒸気機関、階級、生産、近代人のアイデンティティ／主体性の重要な源泉としての労働、近代的代議制国家、世界市場に依存するネーション・システム、都市に依存する地方、東洋と西洋、未開・半開・文明の国々というように、『共産主義者宣言』の一頁目から、目的論的で対極的コンセプトが多々出てくる。これらのコンセプトでモデルネ〔近代〕（およびすべての前史）が考察されているのである。実際、現代に生きるわれわれもまた多かれ少なかれこの中にあり、われわれのさまざまなプロジェクトは、これを一歩一歩、またテーマごとに批判的に克服していくことになるだろう。

続くモデルネの二つの時期においては、いま述べたコンセプトが著しく拡大され、変容され、また攻撃を受けた。この第二期を、さまざまなヴァリエーションを伴った「福祉社会国家資本主義」と呼んでおく。この段階の資本主義は、その対抗者である社会主義的モデルネのヴァリエーションと相補一体の関係にあり、後者の登場と没落をも含む。

この第二期は、第一次大戦によって促進された時期で、二つの世界大戦の戦間期に最初の高揚期を、また一九六〇年代から七〇年代にかけて、二度めの高揚期を迎える。蒸気に加えて電気が機械の動力となり、学術研究、とくに化学や電気工学は、自動車産業において直接的な生産力となる（フォーディズム）。そのために、同じく学術研究に基づいた新しい組織管理の原理（テイラーシステム）が必要となり、それが新しい社会階層、すなわちエンジニアやサラリーマンといった、いわゆる新中間層を生み出した。この階層には、新興するマスメディアによって新しいライフスタイル、すなわち都会の大衆文化と大衆消費というヴィジョンが与えられた。

戦間期の日本では、このような発展は、絶対主義的でウルトラ・ナショナリズムの天皇制という体制の中で起こった。これに対して、とくに一九六〇年代以降の「日本型福祉社会」では、象徴天皇制が残っているとはいえ、著しく大衆化が進み、しかもそれが経済力と結びついた第二の日本型国民国家体制の中で起きたのであった。この経済力の柱としては、会社、（核）家族、学校（教育）などの諸制度があげられるが、六〇年代以降になると、国民はこれらの諸制度を通して、いわゆる中流意識というかたちで、そのアイデンティティの基本要素を受けとったのだった。


しかし、遅くとも一九八〇年代以降の第三期までに、市場のコントロールを目的とした資本主義経済（産業界）、国家（官僚制）、一党支配型政治（立法府）の間の調整と、それに並行する国民的調和の自己像（たとえば日本株式会社「Japan AG」とか「Japan inc.」）は崩れてしまう。これにはさまざまな理由が考えられるが、ここでは次の二点だけを指摘しておく。

まず、既存の関係をひっくり返したのは、またしても生産力だったことである。コンピューターや情報技術がグローバル化を推進し、トランス・ナショナルな資本の流れが既存の空間秩序や観念、とくにネーションのそれを動揺させた。もうひとつの原因は、「西側」の富裕と冷戦の終焉によって、ナショナルにもグローバルにも、自らの「文化的」アイデンティティを求める政治的、社会的アクターの多様化が生じ、それが明確になっていくに従って、従来の「階級」というアイデンティティ形成のための選択肢がいっそう侵食され、相対化されていったことである。

これに並行して、政治的形成力と社会的調整力をもった国民国家の役割が後退し、その結果、経済取引の次元にまで縮小してしまった個人の「自由」とか「自己責任」という考えが、吹聴されるようになってきた。他方で国家に携わるアクターたちは、「国内的」秩序、「対外的」安全保障、それに文化的価値や規範のイデオローギーによる統制と解釈などに関して、より強い権限を得ようと躍起になってきた。

こうしたネオ・リベラリズムとネオ・ナショナリズムが交錯する現象形態は、国によってさまざまである。たとえばドイツにおける主導文化 Leitkultur や愛国心をめぐる論争、日本における「美しい日本」や「健全な」ナショナリズムと愛国心といったように。しかしこれらはすべて焦点の当て方によって、「新資本主義」とか「トランス・ナショナル資本主義」「ターボ資本主義」、あるいはまた「ポストモダン」ないし「消費社会」とそのつど名前を変えて呼ばれるもののもとに、一括できるだろう。

社会学者のジグムント・バウマンはこう言っている。

〈ポストモダン社会ないし消費社会〉は、消費者としての成員を必要とし、そのようなものとして巻き込む〔そしてまたその能力において評価する：筆者〕のだが、それはかつて近代社会の〈生産社会と称される〉古いタイプの社会が成員たちを生産者および兵士として結びつけていたのと同じである（Bauman 1999: 36）。

バウマンは、このことは生産社会においては消費がなかったとか、今日の社会では消費されるべきものを生産する必要はないなどと言っているわけではないと強調した上で、こうも言っている。「だが、消費社会の消費者はこれまでのどんな社会における消費者ともまったく異なった存在なのだ」（同書）と。したがって次に、資本主義の三段階モデルとの類比で、消費および消費者の役割ないしそれについての理解が、どのように変遷してきたのかをかいつまんで述べておこう。

二　三つの消費スタイル

まず第一期の消費は、「生産のための消費」と呼んでいいだろう。「レッセ・フェール資本主義」とか「生産社会」と呼ばれるこの第一期において、「消費」は「生産」に随順する「使用」の分野に属し、学問的にも、もっぱら経済学の観点から問題にされていた。この段階では、剰余価値の獲得は生産手段ないし工業製品の生産によってなされたので、たとえばマルクスは、「生活必需品」などの個人消費を、もっぱら生産に必要な労働力の再生産という観点でとらえていた。一般的に「消費」は、「必要で適切な欲求」対「享楽のための贅沢」などの概念と、密接に結びついた言説のフレームを作り上げていたと言っていい。

ボードリアールはこれを、ナイーヴで自然主義的な人間観に基づいた「欲求の言説」と言う。彼によれば、そうした人間は自然的本性からして、その欲求の充足によって実現される幸福を志向することになる。そのためには、富の増大と人々が平等に商品を手に入れる機会の基盤をなす、経済成長が必要となる。しかし、ボードリアールは、その場合に問題となるのは、商品の使用価値にかかわる形式的な平等、すなわち平等神話にすぎず、それが交換価値の社会にある諸個人の不平等や階級的分断を隠蔽してしまうのだと言っている（Baudrillard [1970] 1998）。

第二期は、先に述べた「大衆」という現象と密接な関係にあるが、これは量的だけでなく、質的な意味においても理解される必要がある。商品や製品は、個人消費のためにも大量に「生産」され、新しい市場や販売のための戦略によって「分配」され、マスメディアを通して大衆文化として「流通」し、さらに不断に拡大していく階層によって「消費」されるが、その事態は実際にも、イマジネーションにおいても進行する。

ディスコースの次元では、「都市」「自由時間」「趣味の彫琢」などとともに、「消費」が独自のテーマとなってくる。この時期には、多様化するディスコースを担うアクターの規範的、政治的な立場に応じて、消費や商業化された大衆文化が「アメリカ」や「西洋」と同一視され、またそれについての論議が起こった。たとえば、それは脅威だ、本物の喪失だ、文化的な根無し草あるいは疎外だ、大衆操作だ、大衆順応主義だ、あるいは民主主義化だ、多元化だ、文化参加の物象化だ、等々と論議され、社会統合や文化の国民国家化の場ともみなされたのだった。

総じて、こうしたディスコースをリードしたのは地位やプレスティージのモデルだが、それは相変わらず「進歩」――あるいはそれと同じ論理から出てくる後退――という観念の影響下にあった。このモデルによれば、消費者＝主体は商品＝客体を使って自分たちの社会的ステータスを表明し、彼らの「内面」を「外部」に転じ、特定の生活形式にそのつどの社会的状況を対応させることになる。とくにモードという現象において、消費の螺旋運動を支える模倣と「卓越的差異《ディスタンクシオン》」（ブルデュー）への志向が表われてくる。

第三期は「ポストモダン消費社会」とか「消費主義」という名で呼ばれ、こうした代表象や表現の論理が問われるようになってくる。伝統からの脱却や社会生活再生産のための古典的モダンの制度の風化ないし民営化が広範に進行するのに伴って、特定の生活モデルや消費スタイルもまた分化していった。それを象徴しているのが、「中流の消失」といったスローガンにほかならない。

そして、「ライフスタイル」というキーワードのもとに、アクティヴなプレゼンテーションや個人の自己形成といったアスペクトが、消費論議の前面に出てくる。「解放された」個人には、つながりと帰属の新たな構築が強いられるが、それが差異と同一性を生産する社会的行為としての消費を通じて起こってくる。言い換えると、品物の購入や演出というレベルを超えて、あるグループが、自分たちを別のグループから区別するための共通のコードをもって、自らを構成するようになるのである（Baudrillard [1970]1998: 92ff.）。ここではまず、消費はコミュニケーションと交換のプロセスとして理解されるが、それはもはや主体―客体関係、つまり欲求のレトリックによってではなく、主体同士の関係としてとらえられることになる。しかも、このディスタンクションと同一化のプロセスには、限度というものがない。

さらに、平等化のプロセス、成長、ダイナミズムなどは同時に、ナショナルにも、グローバルにも、社会的不平等の階層化やそれの深化を伴い、またそれを基盤にしている。こうした観点が忘れられたり無視されると、直ちに、最初に述べたボルツのような「消費主義」という楽天的な消費の容認に陥ってしまう。ボルツにとって消費とは「暴力の対極をなすもの」であった。「互いに交易し合うネーションが相互に依存し合い、それが平和をもたらす」というわけである（Bolz 2002: 60-61）。だが、こうしたシニシズムの限界は、石油のような資源取引を見れば、一目瞭然であろう。

たしかにボルツは、「近代化の事後負担」とか「〈幸せの追求〉から〈追求することの幸せ〉だけを残すことになる、消費主義的なライフスタイルの内的短所」を見てはいる（同書 : 17）。しかし問題は、彼がこうした短所の中に長所を見出していることの方にある。たとえば、彼が言うように、ほどよく調整された精神状態の方が、熱くなったそれよりも良いと考えられるのであれば（同書 : 62）、平和と自由は疎外のおかげだということにもなってしまうだろう。

ボルツのアプローチは、先にあげたバウマンの現状分析と多くを共有している。しかしユダヤ人亡命者としてのバウマンの経験は、けっしてそのようなシニカルな現状肯定を認めない。彼は、「普遍的」であることを自認するモデルネを批判しながら、同時にポストモダンが根無し草になった個人に強いる「永久に終わることのない自己形成の闘い」という負担に警告を投げかけているからだ（Bauman 1997: 183）。諸個人はもはや、従来のような（再）着地のメカニズムに依存することなく、代わって市場のみが唯一、こうした自己形成のための新しいオプションを提供するようになる。バウマンはこのことを、「不確実を操作する機能の民営化と、私的な使用のための市場納品との親和関係、不足と消費テロルの相乗効果」と表現している。また、市場は同時に、「結果を心配することなく、生活をその効果によって維持することもなければ、将来のエピソードを決定することもないような個々のエピソードに分解してしまう、そういう自由」を提供することになるとも言っている（同書 : 184-186）。

当然のことながら、バウマンの指摘する布置関係《コンステレーション》は、日本の状況にも当てはまる。まず、バブル期と呼ばれた一九八〇年代に消費論ブームがあった。このブームではとくに、ボードリアールの記号論的分析が取り上げられたが、今村仁司のような一部の左翼知識人の言説を除けば、その構造論的資本主義批判は取り上げられなかった。これは、論議に参加した人たちの大半が、マーケッティングや広告代理店あるいは企業のシンク・タンクなどの分野から出ていることを見れば、別に不思議なことではない。

よく知られた彼らの造語の例をあげておくと、「軽薄短小」「重厚長大」「小衆」（藤岡和賀夫）「分衆」（博報堂総合研究所）「柔らかい個人主義」（山崎正和）などが、それに当たる。これらはいずれも、「大衆」をグループないし分衆へ解消することを唱え、個人化というより「民営化」を賛美するものである。それらはまた、新しいかたちの「日本文化論」の要素として、日本という枠を越えて国際的にも広がった。脱政治化され、アトムとなった消費者は、新しい主権者になったわけだが、これは左翼インテリからも、西部邁のような保守派インテリからも、批判されることになった傾向である。

加えて、一九九〇年代の危機以降になると、この展開はナショナリスティクに解釈されるようになっていく。たとえば、こうした快楽主義や無責任や平和ボケに対抗して、新しい愛国精神が立てられなければならない、というようにである。

このようにして、われわれはいまや、ネオ・リベラリズムとネオ・ナショナリズムの逆説的で親和的な関係、というか、共犯関係に出会うことになる。ネオ・リベラル派は、長い間「類を見ない」と賞賛されながら、今では発展成長の足枷となってしまった「日本株式会社 Japan AG」を嘆き、その開放と、創造的な起業精神、ダイナミズム、透明さなどのグローバル・スタンダードへの適合を迫り、日本を再び「外部、つまり世界」で通用する国民国家に鍛え上げようと躍起である。だが他方で、ネオ・ナショナリズムのディスコースは、この「グローバルな外部（世界市場、資本）」を日本の危機の原因とみなし、その文化本質主義的なメッセージを、インターネットなどの多様な新興メディアを通して効果的に配布流通させる目的で、自分たちを必死に売り込もうとしている。

三　デパート文化の三段階

いま述べた「共犯関係」という問題は、私自身の研究テーマの中心部に直結している。それは市場／消費と「日本らしさ Japaneseness」の関連を問うものだが、それは現在だけの問題ではなく、歴史的な問いでもある。つまりそれは、「消費」は近代日本においてアイデンティティ、とりわけナショナル・アイデンティティの形成にどのように関与したのか、あるいはそれは、モデルネそれ自体をどのように共同構成したのか、という問いでもあるからだ。この問いの背景には、多様で長期にわたる、そしてまた個々の学科領域を越えた研究によってのみ克服可能となるような、膨大なプログラムが潜んでいる。したがって、ここではそのうちの二、三の方法上および内容上の考えを述べることしかできない。それはまた、私のこれまでの研究の成果であるとともに、今後期待される共通のプロジェクトのために、自分に可能な研究分野を提示することでもある。

私の関心は、とくに消費文化の一エレメントをなす百貨店（デパート）に向いているが、日本思想史の観点からは、百貨店というテーマは少なくとも次の二点で、重要な意味をもっている。ひとつは、思想史的に重要なテクストが問題とした対象であったことであり、もうひとつには、十九世紀末以来、その時代の重要なテーマを論じたり、テクストにして記録したインテリのネットワークが生まれてくる空間であったことである。このことは、ジャーナルという形で百貨店自身が編集した出版物に見ることができる。とくによく調査されたものとしては、この十年から十五年ほどの間では、雑誌『三越』をあげることができるだろう。これを通覧してみると、どのようにして近代的制度としての百貨店が日本において「購買意欲の殿堂」としてだけでなく、「日本の思想空間」にまで発展していったかが、ほとんど理想型《イデアール・テュプス》のようにわかる。

こうしたジャーナルは、学界のエリートたちによって論議された多様なテーマが、どのようにして流布され、日常文化のコンテクストに持ち込まれたかを知るのにも、貴重な資料である。なぜなら、それを通して、「趣味」のような観念やカテゴリーが、どのようにして社会や文化の知的備蓄になっていくのか(たとえば、「日本/東洋の趣味」対「西洋の趣味」)、あるいはそれらが消費のような社会文化的プラクティークのための指針となっていくのか、が明らかになるからである。

いまあげた「趣味」の例は――これは偶然取り上げられたテーマではなく、ジャーナルの恒常的なテーマなのだが――「百貨店」というものが、対象としても思想空間としても「日本らしさ」の構成と密接に関連していることを示している。そこで次に、これまでの三越百貨店についてのディスコースと関連させながら、また、先に述べた三つの生産形態と消費形態およびそれらについてのディスコースと関連させながら、ひとつの推測を立て、それをさらに分析検討してみたいと思う。その推測とは、以下のことである。

消費についてのディスコースと百貨店の形態との間、あるいはまたその形態と「日本らしさ」についいてのディスコースとの間には、互いに相同性があって、百貨店の形成も「日本らしさ」の形成も、ともにあの三つの大きな時代区分に対応しているのではないかという推測である。

まず、百貨店に関しては、次の三タイプにまとめることができるだろう。すなわち（1）日本における最初期となる生産消費期に登場した「高級百貨店」、（2）一九二〇年代の終わりに登場した「ターミナル百貨店」、そして（3）一九七〇年代中頃から登場した「ライフスタイル百貨店」である。

もう一方の「日本らしさ」については、以下のようになる。（1）は「本質主義的／美学主義的日本らしさ」で、これはとくに政治的エリートや学者を含むインテリたちによって創り出され、代表されたものである。（2）はマスメディアによって生み出された「モダンで文化的な日常生活の日本らしさ」で、この担い手はいわゆる中産階級であった。（3）は新しいメディアの登場とともに出てきた「ポップカルチャーのクールな日本らしさ」である。

「ターミナル百貨店」と「文化生活の日本らしさ」との関連に関しては、私鉄の阪急・阪神・京王・西武・東急等々の企業の方がよりふさわしいかもしれないし、また「ライフスタイル百貨店」と「クールな日本」の関連では、パルコやその後継企業などの方がよいかもしれないが、ここでは筆者が調査対象としてきた三越を例にとって論ずることにする。

前章で述べたことの繰り返しになるが、一九〇四（明治三七）年に『デパートメント・ストア宣言』で株式会社三越呉服店の創業が公表されて以来、三越は、同年に作られた「学俗協同」のスローガンのもと、文化教養と経済を共生させる「エデュテインメント edutainment」（Creighton 1992）を図る一種のモダン文化のパトロンの役割を果たしてきた。その傘下で芸術家、作家、ジャーナリスト、学者、政治家、マネージャー、企業家などがさまざまな研究や討論のサークルに集められ、ひとつの「思想空間」を形成した。そこでどんなことについて議論や考察がなされたかは、この百貨店が二十世紀に入って三十年ほどの間に発行した出版物、すなわち商品カタログでも文化ジャーナルでもあるような雑誌『三越』にうかがうことができる。

この中では、百貨店自体もテーマとして取り上げられている。そこでの分析は、新たに形成された消費関係（ステータス消費）と並行するかたちで、この百貨店という制度がどのようにして、銀座のような繁華街にある贅沢型消費の場所から、大都市の新しい準中心地たるターミナル駅にできた大衆型消費の場所へと、移行していったのかを示している。

そして先にも述べたように、三越のケースが非常によく調査研究されている事実は、私見では、やがて出てくる第三の消費形成ないし百貨店第三期に対する、会社側のリアクションと深く関係しているのではないかと思われる。つまり一九七二年、東京の駒沢に「三越シルバーハウス」という文化センターがオープンしているが、これはバブル経済の時期に一度拡張されている。ここにはこの創業三百年の歴史をもつ貿易商のアルヒーフが設けられ、一九九九年に財政難で閉館されるまでは研究者や一般の人々にも開放されていた。この文化センターは顧客に、結婚式など大小さまざまなイヴェントや日本庭園を提供したりして、快適さを約束するライフスタイルの館を演出していた。しかし、その場合の「生活《ライフ》」はもっぱら「余暇《レジャー》」の方に向けられ、味気ない労働や日常はテーマとならなかった。

ちなみに〔デパート〕創業八五年記念の記録の中で、当事者であるアルヒーフの職員たちは、一九七二年のシルバーハウスを、モダン建築の先端技術と平安時代の形式美を結びつけた傑作だと、自画自賛している。また何頁か後には、このハウスは「洋風迎賓館」として、一九八二年に増築された「純和風の日本館」と対置されて出てくる〔その後、両館とも駒沢大学が保存〕。直接引用しておこう。

美しい庭園をながめながら懐石料理を賞味できる美と味覚の館で、広い舞台の付いた一一五畳の大広間はパーティの規模に応じて使い分けができる。日本庭園には茶室も設けられている（三越 1990: 206, 226, 2005: 226）。

引用に使った巻は、二〇〇四／〇五年に『デパートメント・ストア宣言』百周年を記念した再版だが、これには最後の一五年分が補足され、未来に向けた、何となく楽観的な展望を読みとることができる。ここでは次の二つのキャッチフレーズが目につく。それは、大ショッピング・センターでの顧客喪失を意味する「百貨店離れ」と、新しい顧客の可能性を意味する「退衆市場」である。この新しい顧客というのは、二〇〇七年以降大量に労働市場から退き、多くの時間をもてあます、いわゆる団塊世代を指して言っているのだが、しかしこれはここでのテーマではない。むしろ気になるのは、先の記述が、初期の三越の記録や出版物に見られ、同時に他の社会的、歴史的文脈の中にも見出せるレトリックやロジックを使っているという事実である。

そこで、この初期に目を向け直すことによって、初めの二つの時期における「百貨店」と「日本らしさ」の関係をどのように再構成できるかについて、いくつかの考えを述べてみよう。

〔日本の百貨店の〕第一期は二十世紀最初のほぼ二十年間にあたるが、この時期は、「趣味」という言葉が、美学的にとらえられた「日本らしさ」の構成にとって中心的な役割を果たす。すでに述べたインテリのネットワークを使って、雑誌『三越』は、「革新」と「伝統の保持」によって「趣味の良さ」という社交的コンセンサスの形成に参画するという課題を背負い、早くに創り出された「三越好み」という言葉を、しばしば「日本の趣味」と同一視している。この「良き・三越の・日本趣味」を啓蒙するために動員されたのは、歴史の深さや的確な実践の仲介という点で、すぐれた通俗科学の啓蒙書となる文学的な書き物や論文だけではなかった。品物の展示も購買意欲を呼び起こし、趣味を開発するものでなければならなかった。具体的には、ポスター、ジャーナルのカタログページ、販売部のショーウィンドウに並べられた商品や、「三越好み」のコンセプトに初めから織り込まれた展示会場の展示品などである。この二つのアスペクトはすでに『デパートメント・ストア宣言』でも言われていたことで、『宣言』は反物の製造者たちに、新製品を新柄品評会に出すことを勧めたり、美術展覧会の開催を予告したりしている。

この時期の最もよく知られた例としては、しばしばマルチ・メディアによって演出された「元禄ブーム」ないし「元禄モード」のイヴェントがあげられよう。これは一九〇四（明治三七）年、尾形光琳の遺品を展示した際に、三越でおこなわれた最初の文化行事で、「光琳図案会」という名で懸賞付募集もおこなわれた。続く一九〇五（明治三八）年に出た三越百貨店の月報では、元禄時代そのものがいろいろな角度からテーマ化され、元禄ネクタイだの、元禄靴下だの、元禄下駄のように、「元禄」という言葉で気品を添えられた多様な新製品が、購買力のあるハイカラ層に提供された。そして七月になると、「元禄研究会」なるものが結成され、さまざまな講演を通して、この江戸時代の最盛期の文化や芸術などが取り上げられた。このような新モードの創造は伝統の収集と並行したのだが、この伝統の方もまた、新しい秩序と「国民国家化」のコンテクストの中に受け継がれ、新たな意味を得たのだった。とはいえ、これは次のようなアンビヴァレントなかたちで生じた。すなわち、新しい商品デザインの構成要素としては、それが西洋に匹敵できるような最新モードのための販売空間に昇格したこと、また一方、運び込まれた柄のコレクションのために展示会場が美術館化され、それが「日本的なもの」「固有なもの」へと様式化されていったことである。

第二期、つまり第一次大戦後の一九一八（大正七）年に国のイニシアチヴで生活改善運動が始められた頃の三越は、おもに高級百貨店であった。しかし販売品目の拡大や購買部の拡張によって、次第に大衆向きのマーケットにもなっていく。多くのフロアから成る本館の新築（一九一四年。地上五階、地下一階）に続いて、帝都東京のターミナル駅や内地および植民地の各都市に支店が造られていく。こうした変化も、それを記述し、ある意味ではその一部を担ったジャーナルの中に追認することができる。

ここには新しい製品や部門、テーマだけでなく、新しい種類のテクストも出てくる。いわゆる「ハウツー物の記事」がそれで、これらの記事は、製品をどう扱ったらよいか、どうやったら健康で衛生的な生活をおくることができるか、電化製品はどうやったら裕福な家庭だけでなく、一般の家庭にも入ってくることができるか、一般国民が手に入れるためには、「洋式」の家具はどのように作られるべきか、要するに一言で言えば、どうやったら文化生活をおくることができるか、具体的なアドヴァイスを提供している。百貨店としての三越も雑誌としての『三越』も、「趣味／優雅」と「合理性」、「エリート」と「大衆」（あるいはサラリーマンと主婦、ブルーカラーとホワイトカラー）の拮抗する場所として、文化生活＝モダニティを演出する空間になったわけである。

これに関しては、ある皮膚科医が書いた「文化婦人の嗜み」という記事があり、そこには次のように述べられている。

服装や身飾りは各人の心を現はすものであります。御婦人方の化粧などは殊によく其人の性質が現はれますから、十分注意せねばなりません。大切な息子の嫁を探して居る親達には若い娘達の服装で、彼の娘は芝居ばかり見たがる我まま娘だとか、活動ばかり見て居る放埒娘だとかいうことは一目で直ぐに認識されます（赤津誠內、雑誌『三越』17巻7号1927.6）。

文化生活期の雑誌『三越』では、このような学者や医者、心理学者などの専門家の数は、相当数に上っている。しかも女性をターゲットにすることが増えており、雑誌のフェミニン化と言えるだろう。たとえば「文化住宅」の中で、女性は主婦として、できるだけ学問的にも確かな家計のやりくりをしなければならないという内容、さらには女性が「街頭」で余暇を過ごすこと、とくに新しいサービス部門の働き手として「街頭」へ出ることなどがあげられている。そして、こうした分野で日本の女性は「西洋人」と同じような美しい身のこなしが必要だとされる。だから雑誌『三越』はこれに関しても、どうしたらオシャレな着こなしやヘア・スタイルになるか、また正しい歩き方は、というようなアドヴァイスを提供するようになる。

このようなテクストは、おもに女性の身体を規範化しながら、同時に「民族的」要因にも関与していることが明らかである。注意すべきは、この文化生活を論議するコンテクストにおいては、「西洋」とか「洋式」という標識が、次第に「合理的」とか「モダン」という実用的な意味をもつようになっていくという事実である。それに伴って、もはや現実または想像上の「西洋」という外部に向けた「日本らしさ」が強調されるだけでなく、旧中間層と新中間層、都会と田舎のように、日本社会内部で互いに競合し合う社会集団同士の間にも、境界線が引かれるようになっていくのである。

似たようなことは「東洋」についても言える。この民族的アイデンティティは、まずネットワークを形成する知識人たちが、三越の委託によって調査旅行をし、それを雑誌に報告するというかたちで創り上げられていった。また「東洋」は、その調査地域の商品と製品を提供する「東洋品部」という部署の新設記事でも言及されている。

こうした記事の分析から明らかになるのは、「東洋」が固定的で実体的なアイデンティティではないことである。それは不断に新しく構成され、日本固有のアイデンティティなるものを構成する時の引き立て役になっている。「西洋」であり「東洋」でもあるような、想像上の帝国主義的共同体としての「日本」、西洋列強の干渉に抵抗でき、「新日本」として古いアジアの文化遺産を守ることを自らに課した「日本」というように。だから「こうした新日本は、その文化的ハイブリッドを特徴とする」(Robertson 2001: 70) ことにもなる。「日本的」とか「日本人」であるとは、したがって、「西洋」と「東洋」の二つの民族的な対極の間を揺れ動きながら「東洋的要素」をも利用する、不断の「分節化のプラクシス」にほかならない。

その際、三越百貨店とその知的ネットワークは、この分節化プラクシスの重要な関与者であったことがわかる。製品や商品を「東洋」の表象として百貨店の中に取り込むには、何らかの展示のプラクシスを必要とするが、そのプラクシスはまた何らかの民族誌的な知識を基礎にしており、しかも自分たちの書く記事に謳われる「東洋」に即していなければならない。そうして、そのつど固有の表現をもったこの「日本」と「東洋」という表象形式は、差別からエキゾチズムに至るすべてのスペクトルを利用するのだが、その際、美学的観点から「伝統美」とされる「品物」を展示する者たちにとって、「日本」を「東洋」の一部とみなすことはそれほど難しくはないように見える。「アジア的精神の宝庫」「アジア芸術・美術館」としての日本、それはまさに岡倉天心が「アジアは一つ」という言葉で始まる『東洋の理想』(Okakura 1906)で呼び起こしたものと同じであった。

訳注

この章は、二〇〇七年二月二七日にライプツィヒ大学でおこなわれたシンポジウム「日本の近現代思想史を書きなおす」第一回国際会議での講演原稿「モダン日本の形成と消費文化――思想(史)空間としての百貨店」をもとにしたものである(Steffi Richter, The Formation of Modern Japan and Consumer Culture - The Department Store as a Space of Intellectual History. 1st Conference of the International Research Project "Rewriting Modern and Contemporary Japanese Intellectual History": Constructions and Imaginations of "Nation/National

Identity" within Modern and Contemporary Japanese Thought, Feb 26-27 2007, Leipzig University）。

参考文献

赤津誠内 1927（昭和二年）「文化婦人の嗜み」『三越』17巻7号 : 2-3.

Baudrillard, Jean [1970]1998 *The Consumer Society: Myths & Structures*, London et al.: Sage Publications.（ジャン・ボードリヤール 2015 今村仁司・塚原史訳『消費社会の神話と構造　新装版』紀伊國屋書店）

Bauman, Zymunt 1997 *Flaneure, Spieler und Touristen. Essays zu postmodernen Lebensformen*, Hamburg: Hamburger Edition. (English ed., 1995 *Life in Fragments: Essays in Postmodern Morality*, Oxford et al.: Blackwell Publishers.)

Bauman, Zygmunt 1999 "The Self in Consumer Society," *The Hedgehog Review* 1 : 35-40.

Bolz, Norbert 2002 *Das konsumistische Manifest*, München: Wilhelm Fink Verlag.

Creighton, Millie R. 1992 The Depâto: Merchandising the West while Selling Japaneseness, In: Joseph J. Tobin (ed.) *Re-made in Japan: Everyday Life and Consumer Taste in a Changing Society*, New York: Yale University Press, 42-57.

藤岡和賀夫 1984『さよなら、大衆。——感性時代をどう読むか』ＰＨＰ研究所

博報堂生活総合研究所編 1985『「分衆」の誕生。——ニューピープルをつかむ市場戦略とは』日本経済新聞社

Harootunian, Harry 2000 *Overcome by Modernity: History, Culture, and Community in Interwar Japan*, Princeton, Oxford: Princeton University Press.

神野由紀 1994『趣味の誕生――百貨店がつくったテイスト』勁草書房

株式会社三越 1990『株式会社三越　85年の記録』

株式会社三越本社編 2005『株式会社三越１００年の記録――デパートメントストア宣言から１００年 1904～2004』

Marx, Karl 1848 *Das Kommunistische Manifest*（カール・マルクス〔1993〕2012 金塚貞文訳『共産主義者宣言』柄谷行人付論　平凡社ライブラリー）

Merkel, Ina 1999 *Utopie und Bedürfnis. Die Geschichte der Konsumkultur in der DDR*, Wien, Köln, Weimar: Böhlau-Verlag.

Okakura, Kakuzô（岡倉覚三〔天心〕）1906 *The Ideals of the East*, London: J. Murray.

Robertson, Jennifer 2001 "Nippon as Cyborg: Technologies of Body and Beauty in Wartime Japan," In: Steffi Richter & Annette Schad-Seifert (eds.) *Cultural Studies and Japan*, Leipzig: Leipziger Universitätsverlag.

寺出浩司 1994『生活文化論への招待』弘文堂

山崎正和 1984『柔らかい個人主義の誕生――消費社会の美学』中央公論社（1987 中公文庫）

第四章　グローバル化のなかの日本研究

一　文化を研究するとは

与えられたテーマ「世界から見た日本文化――多文化共生社会のために」を、私自身のコンテクストから具体化してみると、さしずめ「ドイツの一大学から見た日本文化――多文化共生社会のために」ということにでもなるだろうか(1)。こう言ったからといって、テーマを狭めたのではなくて、パースペクティヴをずらしたにすぎないことは、後論の示す通りである。

多様な文化が共存する世界で、一人の学者としてほかの人たち、とりわけ学生たちと協働の仕事をすることは、日頃ドイツの教壇に立って仕事をしている日本学者としての私にとっても、いわば義務のようなものである。そうした仕事を通して私が学生たちに伝えたいと思っているのは、過去の歴史や現状と切り離すことのできない、多様で複雑な現象としての「日本文化」を研究するとき、彼らが学ぶ知識と方法論である。それは、そうした知識や方法論を使って、彼らが自分自身の文化状況をも新しい目で見るようになってくれればと、願っているからにほかならない。

そこでまず手始めに、私自身の研究や授業の依って立つ方法論的前提を、二点あげておきたい。

ひとつは、特定の社会生活の形態と、特定の知の形態との間の相同性という問題である。たとえば、「近代」社会はその成立期から今日に至るまで、本質的に国民国家的《ナショナル》に組織されてきているが、日本学を含む近代の人文科学もまた、大学とか博物館といった国民国家的な制度の枠内で比較的閉じられた部門として成立してきた。したがって、これらの学問はこうした制度の中でナショナル・アイデンティティやその実質を構築し、流布拡大することに関与してきたし、多かれ少なかれその事情は今日でも変わっていない。しかし、二十世紀の最後とりわけ一九七〇年代以降、これらの学問は次第に自らの専門分野と、その基礎にある「方法的ナショナリズム」を問題視し、それに並行するように「トランス・ナショナル」とか「インター・ディシプリン」とか「ポスト・コロニアル」といったアプローチが求められるようになった。

二つめは、ナショナルな文化ないしアイデンティティとは、さまざまな社会的アクターによって絶えず分節化されていく象徴的秩序である、という認識から出発することである。学者もまた、こうした分節化に実践的に関与する代表的アクターだが、ただ自己反省という点で、他のアクターたちとは異なっている。そのことは、たとえば日本研究者にとっての「日本」というものがけっして、知を蓄積するにつれてよりよく理解できるようになるといった、たんなる経験的に与えられる対象などではないことを意味する。むしろ、私たちは「世界から見た日本」「日本とドイツ」「東アジアにおける日本」「美としての日本」のような、何らかのアスペクトを設定した仕事のプロセスの中で、この対象を分節化しているのである。

何らかのアスペクトから「日本」とか「日本文化」を観たり研究したりするのは、もちろん自明なことでも、また唯一の可能性でもない。しかし、今日これは、次第に多くの研究者たちによって時代に合ったものと受けとめられ、多様な文化や社会の共生に発する諸問題を解明するために、参照されるべきパースペクティヴとなっている。

かくして「カルチュラル・スタディーズ」(以下CS)(2)という名で呼ばれるパースペクティヴが、次第に受け入れられてきたのには、互いに密接に関連する、次のような三つのプロセスが関係している。すなわちそれは、グローバリゼーションの進展、近代化、そして日常世界におけるポップカルチャー化の三つのプロセスにほかならない。とくに三つめのポップカルチャーの発展は、日本およびその文化についての認識を決定的に変化させた。今日「日本文化」はもはや、エリートのハイカルチャーとか美学化された伝統などとして存在していない。むしろ、それは最近では、マンガ、アニメ、寿司、布団その他の商業的文化製品という形をとった、いわゆる「Jカルチャー」として、日常生活の一部にさえなっている。じじつ、西洋でもアジアでもわれわれは、アメリカより日本の方がずっと「クール」だという日本ファンに出会う。本質主義的《エッセンシャリスティク》かつ国民文化的な閉鎖性に向かう日本に代わって、さしずめ「クール」でモードのトレンドに開かれた、「グローバル化された」日本ということになるだろうか。しかし、残念ながら事態はそれほど単純ではない。というのも、「クール」な日本といえども、結局のところ、エキゾチシズムと排外主義の新しい形態のために利用されているからである。それは西洋でも日本でも、同じである。

そこで、こうしたことを背景に、ここでは次のような問いを立ててみたいと思う。すなわち、これまで英米圏のCSにおいて展開されてきた、学域を越えたトランス・ナショナルでトランス・カルチュラルなアプローチを、ヨーロッパ、とくにドイツの日本学にとっても実りあるものとすることが、なぜ困難なのか、という問いである。

以下では、まず最初に、CSと日本研究の創造的な出会いを困難にしている、知の外部に起因する二つのアスペクト、すなわち「要塞としてのヨーロッパ」と「ネオ・リベラルのオリエンタリズム」という外的困難を検討の対象とする。次いで、CSと、アジア学全体の中に位置する日本学の知そのものにかかわる内的困難が問題にされる。最後に、参考として、現在の東アジアにおける歴史修正主義についての研究プロジェクトを紹介するが、これは、たとえ部分的にであれ、東アジアの研究者たちと一緒になって与えられた困難を克服することを意図したものである。

二　カルチュラル・スタディーズの外的困難

外的困難として、まず「要塞としてのヨーロッパ」という問題から始めよう。EUによるヨーロッパ統一のプロセスは、グローバリゼーションの一環だが、これは超国家的《スーパーナショナル》な領域化として起こっており、それに合わせて「ヨーロッパのアイデンティティ」もこの間さまざまに論議されてきた。ヨーロッパの指導的立場にある政治家たちの目には、このようなアイデンティティは、とくに次のことのために必要のようだ。つまり、これまでの国民国家による権力の独占を大陸規模にまで広げ、その国境を越えたヨーロッパ全体の利害関心に対する認識を高めるために、このアイデンティティが必要になっているのである。その場合、「ヨーロッパのアイデンティティ」は、自分とは異質な「他者」をそのつど本質主義的に区別することによって、打ち立てられている。そしてその「他者」は、つねに「脅威」を表わす言葉で分節化され、感情化される。この脅威としての「他者」は、一九九〇年代の中頃には、たとえば「アジア的価値」の「太平洋地域からの挑戦」といった抽象的な言葉で表現されていたのだが、遅くとも二〇〇一年の九月一一日〔アメリカの同時多発テロ事件〕以降は、原理主義化した「イスラム」になっているし、最近では経済大国中国が、しばしばそれに似た扱いを受けている。これらの脅威像は、ちょうど求められている「統一ヨーロッパ」のネガの役割を果たしているだけでなく、「トランス・アトランティク文明」なるものを立ち上げるのにも貢献している。

この「統一ヨーロッパ」は、現時点では人々の意識というよりも、むしろ〔国家的〕法的レベルで実現されているように思われる。この間、ヨーロッパ議会は、ヨーロッパ内の交通とか環境政策などを規制する法律を次々に決議してきた。それと同時に、開発の遅れた非ヨーロッパの国々からの経済難民の移動を難しくする一方で、ＩＴなどのハイテク専門家たちには門戸を開くという政策を打ち出している。現在、ネオ・リベラルの経済政策が考えているのは、中国や東ヨーロッパのような、いわゆる低賃金諸国に資本を回すか、それともそれらの国々から低賃金の労働者たちを雇い入れるかだが、これが〔統一ヨーロッパの〕アイデンティティにかかわる葛藤を生み出している。

ポピュリズム、ナショナル保守、ネオ・ナショナルの政党や運動を代表する政治家たちは、そうした状況から生ずる、多くの人々の漠然とした不安や動揺をとらえ、その不安を実際の原因にではなく、「他者／外国人」の方に向け、それによって新しい集団的なナショナル・アイデンティティと安全保障を得ようとしている。このような、そもそもどこに成立するのかわからないようなアイデンティティは、いわゆる「多文化」社会の欠如からではなく、むしろその中にある差異を強調することによって、呼び起こされている。このようなかたちで増長しつつある右派のポピュリズムは、日本も含め、あらゆるポストモダン社会に見受けられるが、私はまさに、このようなポピュリズムの中に知的実践としてのCSの確立を妨げている「外的」な困難を見る。なぜなら、CSにとっては、「差異」こそが多様な文化間の相互交流の基本前提なのだが、他方その課題はというと、ほかならぬ、その差異からなる多文化間の相互交流の中から社会的ヒエラルキーが生まれ、非対称の権力関係ができあがってくるプロセスを分析することにあるからだ。

もうひとつの外的困難は、「ネオ・リベラルのオリエンタリズム」である。私が所属しているライプツィヒ大学の日本学科は、中国学科と一緒に「東アジア研究所」を構成しているが、この両学科は授業も研究も別々に行っている。この研究所は一九八九年のベルリンの壁の崩壊後に新設され、一九九〇年から「歴史・芸術・オリエント学部（通称GKO）」という名称の学部の一部を成しているが、この「オリエント学」という名称は古くて新しいものである。そこで以下に、この名称が近代資本主義の植民地時代の古い「オリエンタリズム」を表現していると同時に、新しいポスト・コロニアルなネオ・リベラルの変種をも表現していることについて、簡単なコメントをしておきたい。

ライプツィヒは古い大学都市、商業都市として、ハンザ都市のハンブルクやドイツ帝国の首都ベルリンなどと並んで、十九世紀の終わりには、東アジアを含むオリエント研究のための学術センターとなっていた。一八七八年に、まず東アジアの言語を担当する教授職が設けられている。そして一九一四年に歴史家カール・ランプレヒトの世界史構想の一環として、東アジア・ゼミナールが設立される。かくして政治、経済、芸術などとともに、オリエント学や東アジア学もまた、それらに固有の歴史性や体制からの要求に合わせながら、西洋近代の経験や観念あるいは目的などに応じて、異郷の地理的現実を分節化するディスコースに参画したのである。エドワード・サイードはこう言っている。「オリエンタリズムはわれわれの近代の政治的、知的な文化のかなりの次元を表わしている。（中略）そしてそのようなものとしてオリエントというよりも、むしろ「自分たちの」世界とかかわるものである」と（Said 1979: 21）。

ここから、「西洋」のオリエント学や東アジア学のナショナルな性格も出てくる。文化を本質的に言語とその精神性に結びつけようとするドイツ・オリエント学の長い伝統は、この近代的国民国家《ネーション》の確立に、いくらかなりとも関与しているわけである。

一九六〇年代の終わりになってようやく、社会科学的アプローチ、あるいは先に触れたCS的な「文化」の新しい理解が、制度的、精神的な変化を伴って始まった。日本学の場合、こうした進展は日本の高度経済成長によっても促進された。この「奇跡の経済成長」の原因を探ることは、たんにアカデミズムの関心であっただけでなく、その他の社会的な分野でも、実践的な言語や専門知識を備えた専門家たちを必要としていたからである。

とはいえ、ライプツィヒでは一九四五年から一九九〇年まで、つまり東独時代は日本学やアジア学は日陰の存在にすぎず、正式には、日本学、中国学、朝鮮学を擁するただひとつの東アジア・センターが、ベルリンのフンボルト大学におかれていただけであった。つまり、それらの「蘭のように希少な学科 **Orchideenfach**」は、東独時代が終わって初めて、一九四五年以前の伝統と接合されたのである。ライプツィヒでも壁の崩壊後、ドイツ連邦共和国（西ドイツ）のモデルに従って大学が全面的に造り変えられることになったが、その枠内でアフリカ学やオリエント学などと並んで、古代オリエント学、エジプト学、インド学、中央アジア学、東アジア学などの学科が生まれた（訳注1）。そしてこれらの復興された小規模の研究所が、この間なにかと批判されている「オリエント学」という古称のもとにまとめられたのである。

だが、「古い」オリエンタリズムは、まだまだ克服されたわけではない。このことは方法的にも内容的にも、たとえば「異郷」つまり「ヨーロッパ外」の文化を、まるで「孤島」か何かのように、個々の民族として一括して探索したり、それらを互いに比較したりすることが、相も変わらずおこなわれていることからも明らかである。「われわれ」と「彼ら」、「自分」と「よそもの」などのディコトミーが、その両サイドを「外」に向けては対照化し、「内」に向けては同一化するという構造をもたらしているのである。

その証拠に、アカデミズムにおけるアジアについてのディスコースの大半は相変わらず、次のようなアプローチで始められる。すなわち、アジア全体またはその中の一つの国を、ドイツやヨーロッパないしは西洋と比較して、その共通点や対立点を見つけるというやり方である。たとえば「日本とドイツの過去の克服」というようなテーマが立てられ、ドイツは責任をとったが、日本はそうでない、というようにである。しかし事態はそれほど単純ではない。

たしかに「古い」オリエンタリズムは変容している。ひとつには、その文献学的で人文科学的プロフィルを、社会科学的アプローチによって広げたことである。たとえば、現在では社会科学的な日本研究は独自の学会もできており、戦後における日本の経済成長の原因や最近のバブル経済の破綻といった問題に関心を抱いている。その場合、研究結果や問題が、「追いつき追い越せの発展」〔キャッチアップ〕といった言葉で説明されるが、明らかにこれは、「西洋」モデルを念頭においた近代化を前提にした発想である。あるいは反対に、「西洋」の「プロテスタンティズムの倫理」（マックス・ヴェーバー）に匹敵する「アジア的」ないし「儒教的」価値といった、「オルターナティヴな」文化要因が探し求められたりもしている。

「古い」オリエンタリズムはまた、人文科学の授業や研究に対する財政政策からも、変容を余儀なくされている。この財政政策は、ネオ・リベラリズムの大学への介入によって出てきたものである。ドイツでは、これまでこうした授業や研究のための財政はもっぱら国ないし州によって担われてきたのだが、ここ数年はますます市場原理に委ねられており、長期的には、日本研究やアジア研究は次のような展開を見せることが予想される。一人だけの教授を擁するような小さな研究機関は、研究プロジェクトのための外部資金をコンスタントに確保することなどほとんど不可能であるから、結局は消失してしまうか、実用学つまり、直接役に立ち職業に直結するような学問として生き残るしかなくなる。そうなると、こういう研究機関の資金は経済的、政治的な利害関心に依存することになる。たとえば、二〇〇一年九月一一日以降、〔緊急の政治課題となった〕イスラムやアフガニスタン関係のプロジェクトに対しては、国や公の機関から多額の資金が出ているというように。

もうひとつには、こうした弱小の研究機関は、「ポストモダンのイヴェント・娯楽文化」の一部をなす存在として自分たちを身売りし、「ポストモダン・オリエンタリズム」の衣装をまとって、人々の注目を買うことになるかもしれない。メディアが日本や中国——韓国朝鮮に関しては非常に少ないが——での大小さまざまの出来事や発展について報道するとき（たとえば、二〇〇二年のサッカー・ワールド・カップ〔日韓の共同開催〕や歴史教科書論争、それに対する二〇〇五年中国での抗議行動など）、必ずと言っていいほど、大学関係者が駆り出されてインタヴューを受ける。しかし、このメディアの中に読みとれるもの、あるいは書籍市場に出ているものは、たいていは、あの「文化的エッセンス」のレパートリーに発する新旧さまざまなクリシェであり、結局のところ、そのステレオタイプの再生産に加勢しているにすぎない。

ポピュラー・カルチャーも、ここではアンビヴァレントな役を演じている。Jポップ、マンガ、アニメなどは、一方で新しい日本文化への関心を呼び起こし、それまでのステレオタイプを疑問に付す働きをしているが（ちなみに、学生たちがライプツィヒの日本学科に入学してくるのは、多くはマンガやアニメがきっかけである）、他方で、こうした現象そのものを、グローバルな少年少女文化や消費文化というアスペクトの特殊形態としてとらえ直す代わりに、再び日本化、つまりナショナル化の方向に流れてしまう怖れもある。

三　カルチュラル・スタディーズの内的困難

日本学におけるオリエンタリズムを克服する道を探るにあたり、学問分野外の困難に続いて、次にCSが抱えている二つの「内的」な認識論上の困難について述べておきたい。

ひとつは、新しい空間・時間の観念およびCSの方法的、分析的要求に関係している。文化、とりわけ国民文化は、その中に人が住んでいるたんなる空間的存在としてではなく、それを通して人々が絶えず意味を再生産しているような、メディアに媒介されたコミュニケーションのプロセスとして理解される必要がある。したがって、それに応じて、これまでの日本学のみならず、歴史学のあり方も問題になってくる。両者は、その分析スタイルからして、実際の国民国家の発展を反映しており、ともに一体となって空間的、時間的に成立してきたものとして、また文化国家ないし国民文化の繁栄をめざして進展してきたものとして、明らかに「日本文化」の構築および継承に関与してきたと言うことができる（その場合、歴史記述はとくに通史という形が問題になる）。

とはいえ、こうした分析スタイルの脱構築は、歴史性を否定したり、CSの研究対象となる出来事や対象を、現実の布置関係《コンステレーション》から切り離すことになってはならない。では、どのようにしたらCSは、「日本文化」という現象の歴史的、空間的次元を、有効かつ適切に表現することができるのだろうか。たとえば、テッサ・モーリス＝スズキの言うような「ナショナルな社会なり文明の道を、グローバルな進歩の行進ラインに合わせることを目的とすることなく、できるだけ多様なポジションから広大でグローバルなトレンドを追求するような」「アンチ・エリア・スタディーズ（反地域学）」（Morris-Suzuki 1998: 21）とは、どのようなものであるべきだろうか。これまでこの問いに対する解答は、ほとんど与えられていない。そもそもこうした問いに、最終的で普遍的な解答というものはありえないだろうが、それは将来においても同じであろう。

もうひとつの内的困難は、ラディカルなコンテクスト性（radical contextualism）というCSの中心的要求と密接に関係している。これには具体的な場所で自分自身がかかわっている制度（私の場合で言えば、旧東独系のザクセン州というコンテクストにおかれた教育機関）の反省ないし自己批判という問題が入ってくるだろう。

さらにCSは、その問題意識やテーマを必ずしもアカデミックな領域からだけではなく、人々の日常生活から拾い出すことをトレードマークにしている（Grossberg 1997: 264）。たとえば、大衆文化やポピュラー・カルチャーの研究における他のアプローチの top-down 方式と違って、CSは現代社会を分析する場合、bottom-up 方式に加えて、とくに from-within 方式をもとっている（Lindner 2000: 61）。しかし、このようなやり方をとると、ディスコースの対象と主体とをはっきりと区別することが困難になる。たとえば、「古い」タイプの日本学やアジア学でなされていることだが、こちらでは、ちょうど研究主体と研究対象とが明確に区別されるように、「自国」の文化と「外国」の文化の明確な区別が、暗黙のうちに前提されている。つまり、学問は「客観的」であるべきだというわけである。これに対して、CSは対象から距離をおいた研究者であると同時に、自ら参加するメンバー、あるいは調査対象となるグループの観察者であると同時に、その参加者でもあるというように、分析者のインサイダー／アウトサイダーの二重のパースペクティヴから出発する。彼らの知識は、経験からもアカデミックな文献資料からも来るわけで、それだけ彼らは、自分たちの扱う研究対象に半ば巻き込まれていることにもなる。

このことは、日本ではなく、ドイツというコンテクストの中で活動している日本学者にとって、どういうことを意味するのだろうか。というのも、種々の流動性、インターネットによるアプローチ、ヴァーチャルな同時性などの状況下にありながらも、われわれは依然として地域的、物理的な距離を基準にして決定される場所や共同体からの制約を受けているからである。つまり、われわれの経験およびそこから得られる知は、グローバルに拡大するネットワーク化や、地域に限定されないネットワークの増大にもかかわらず、依然として、われわれ自身の「いま・ここ」に縛られているということである。さらに言い換えるなら、われわれ研究者は、つねにそのつど異なったインサイダーであるとともに、そこからさまざまなパースペクティヴを「アウトサイド」に運び出す存在でもある。

このことは、けっしてたんなる条件拘束としてではなく、むしろ日本研究にとってのチャンスとみなされなければならない。互いに密接に絡まり合った政治経済的、文化的あるいはメディア的なグローバリゼーションのプロセスに見合う（つまりそれに重なり合う）ような分析方法として、ドイツでのインサイド／アウトサイドの二重パースペクティヴは、他の地域におかれた日本研究とネットワーク化されうるし、またそうしなければならない。

ここから、少なくとも次の二つの効果が期待できる。ひとつは、そうすることによって、ますます狭まっていく世界の、一見異なりそれぞれ別個に認識されている事象の共通性を、協働して概念化してつかまえる可能性が出てくる。また逆に、グローバルにとらえられた共通性、現象、イメージなどを、特定の具体的な社会共同体や地域コミュニティがもっている文化的、歴史的に異なる機能の仕方や意味を理解するのに利用する、つまりそれを「馴化 Domestizierung・ローカル化」することも可能となるだろう。

ここで先ほど述べた、あらゆるポスト産業国家の政治や社会に見られる、右派ポピュリズムの問題を想起したい。たとえば、メディアによって演出され、メディアにつねに顔を出している政治家たち、フランスのル・ペン、日本の石原慎太郎、オーストリアのヨルク・ハイダー、イタリアのベルルスコーニといった人物を、グローバルなネオ・ナショナリズムのヴァリエーションと見ることはできないだろうか。あるいは、この間、毎春おこなわれているライプツィヒ国際ブックフェアで「日本の」マンガや「韓国の」マンファが展示会場の大部を占めたり、ドイツの最良の漫画家に贈られる賞が日本大使館の代表に贈られるというような事態は、いったい何を意味しているのだろうか〔第五章参照〕。こうした諸現象を理解するのに、CSの貢献するところは少なくないであろう。

さらに、これは教師としての私にとってとくに大事なことだが、こうしたかたちの比較研究によって、その受容者（たとえば私の学生）たちの目が、彼ら自身の社会的現実や歴史に向けられるようになる。一般に日本学とか異文化研究などは、こうした異文化と交流する能力を仲介するだけでなく、自国の社会環境についても、当事者として参加すると同時に、それから距離をとることができるような、マルチ・パースペクティヴの能力を与えることを併せて自らの課題としなければならない。

四　歴史修正主義の比較

最後に、これまで述べてきたような考えを、私が現在〔二〇〇五年〕主宰している研究プロジェクトに即して、簡単に述べてみたい。このプロジェクトは「自己規定、自己主張、他者認識――一九八〇年代以降の東アジアにおけるアイデンティティおよび歴史修正の新たな基礎づけ」と題して、内容的および方法論的に、また人的交流など実際にも、トランス・カルチュラルで、インター・メディアルをモットーにおこなわれている。

このプロジェクトは、日本学、中国学、コリア（韓国朝鮮）学を専門とするドイツの研究者や歴史家と、日本、中国、台湾、韓国の研究者たちによる共同の仕事である。プロジェクトの具体的な背景となったのは、「新しい歴史教科書をつくる会」の教科書をめぐる「第三期教科書論争」である。調査の課題は、次の通りである。二十世紀末以来の全般的でグローバルな変化は、旧来の東アジア諸国のアイデンティティにどのような問い直しを迫っているのか、また歴史の修正を通して新しいアイデンティティはどのようにつくられ、歴史的に正当化されるのか。さらに、これをナショナル（国）、準ナショナル（故郷とか地域文化）、超ナショナル（東アジア地域や国境地域）の三つの次元で調査研究する（訳注2）。

ドイツ語圏のアジア研究という観点から見ると、この研究プロジェクトは内容的および方法論的に、次の二つの新しい点をもっている。

ひとつは、インター・カルチャーのプロセス理解から出発して、「東アジア」およびその構成諸国である日本、中国、コリア、台湾を、ポスト・コロニアルな相互依存関係においてテーマ化する。このようなアプローチは、「西洋」と「アジア（ないし「日本」や「中国」）」との相違点や共通点を探すような、従来よくあった比較対照研究とは異なる。われわれの場合は、空間秩序としての「東アジア」が問題となるが、その際「西洋」は、対立項というより、むしろ一種の「ヘテロトピア」（フーコー）として、東アジア地域におけるアイデンティティ形成過程のスクリーンの役割を果たすにすぎない。

また、ここでいう「トランス・カルチュラル性」とは、ナショナル、準ナショナル、超ナショナルな次元における多様な集団主体による不断の相互行為を意味するが、まさにこうした多重的な次元にある「他者」とか「外部」との多様な葛藤形態を通して、「自国のもの」とか「内部」が構成され、分節化される。言うまでもなく、同一化とか境界づけというのは、区別や差異を通してのみ可能だからだ。こうしたアプローチは非対称に進行し、権力関係を表わしたり、それを証明し、あるいはそれを疑問に付したりする。ここから直ちに明らかになるのは、国民文化に内的に起因することばかりが、不断の対決や葛藤の場になるわけではないということである。たとえば、「東アジア」という概念について、これまで激しい論争がおこなわれてきたが、それはそれぞれの国の内部だけではなく、国境を越えて活動するさまざまな知的、政治的グループの間にも起こっている。その例としては、十九世紀末以来の「汎アジア主義」の代弁者とか、教科書問題をめぐって論争している中国、日本、韓国の歴史研究者たちをあげることができよう。

二つめに、このプロジェクトはインター・メディアルという方法論的アプローチをとっている。歴史の修正は、必ずしも専門家による歴史記述の場ばかりではない。それは教科書を初めとして、映画、テレビ、インターネット、マンガ、その他のプリント・メディアなどの大衆メディアを通してもおこなわれている。したがって、これらの媒体も研究対象になり、それらがどんな歴史テーマをどのような形で取り上げているのか、あるいはそれを人々の意識にどのような形でもたらしているのかが研究の対象となる。とりわけわれわれの関心の中心にあるのは、いったいこれらの多様な次元や媒体がどのように絡み合っているのか、とくに新しいメディアとネオ・ナショナリズムによる歴史修正と、さらには世代を越えていながら、それぞれの世代に固有なスペクトルをもった支持者層との間に、どのような関連があるのかなどである。研究の対象となるのは、そのつど異なったパースペクティヴから新しく発話されたり、あるいは忘却されたりする特定の歴史テーマばかりではない。語り口、記述スタイル、論争の仕方、さらには大衆化のテクニックなどの共通性や違いが、問われることにもなる。

この大陸間プロジェクトの成果は、歴史学、歴史意識、政治史などの領域において、グローバルかつローカルな発展過程に関心を抱く、すべての文化研究者に供せられる。私の個人的印象では、このような研究の重要性は、ヨーロッパおよびドイツ語圏のアジア研究でも次第に受け入れられてきたが、大事なのは、相変わらずヨーロッパ中心主義の色濃いCSの中に、アジアの内容を注ぎ込むことである。そして、CSの方は折り返しアジア研究に介入し、依然として「方法論的ナショナリズム」に支配されている、その構造を変えていかなければならない。

しかし、行く手に多くの障害が待っていることは、次のような事実からもわかる。まず、このプロジェクトに加わる研究者は、少なくとも二つの東アジアの言語と文化に通じていなければならないが、ドイツの大学にはそのような専門家はほとんどいない。一九六〇年代まで、「古いオリエンタリスティク」な東アジア学では、少なくとも中国学専攻者は、同時に日本語もマスターすることが決まりであった。なぜなら、遅くとも一九二〇年代以降の日本は、東アジアにおける植民地宗主国として、心得ておくべきハイレベルの中国学（当時は「支那学」）の知識をもっていたからである。さらに日本の博物館やアーカイヴには、貴重な中国の芸術品や多くの資料が残されている。後者はもちろん、「中華帝国」と日本島国王国との間の何百年にもわたる文化移動とも関係している。それがまた、日本学専攻者が「東アジアのラテン語」ともいうべき中国古典をマスターしなければならない理由にもなっていた。

だが、皮肉なことに、こうした教養は「古い」オリエンタリズムの衰退およびコロニアリズムの終焉とともに消えてしまった。今日でも個人的なレベルでは、日本の知識をもった中国学者にときどきお目にかかることもあるが、日本が世界の経済大国になっていく過程で、社会科学的で現状分析的な日本研究が広まるにつれて、中国は日本学の領域から大幅に削除されてしまったのである。

コリア学はドイツの大学ではどのみち希少で、このことはコリアが「二重にコロニアル」な状況に立たされていたことを表わしている。言い換えると、コリアはまず、前近代における中国中心の支配秩序の一部であったのが、ついで帝国主義日本による植民地支配を受けたため、西洋における研究という場においても、これまで政治経済的そして文化的に、独立の研究対象としては特別な関心を呼び起こさなかったのである。

ということで、ポスト・コロニアルなアジア研究においては、少なくとも二つの東アジアの言語と文化に通じた能力が必要になる。しかし、この能力を発揮させるようなコンテクストは、先に述べたような古いコンテクストとは、根本的に違ってこなければならない。しかも、対象や方法からしてトランス・カルチュラルであるだけでなく、その研究実践においてもそうでなければならない。というのも、われわれの東アジア研究は、当地を代表する専門家たちとも共同でおこなわれるからである。

最後に、現在おこなわれているドイツの大学改革に関して一言つけ加えておけば、このプロジェクトによって、このような専門家を生み出す新しいシステムを構築できるか、私は残念ながら楽観的な見通しをもつことはできない。しかし、ひょっとしたら別の道が開かれるかもしれないとも思う。たとえば、強い関心をもったドイツの若い人たちが直接東アジアへ足を運び、そこでかつてのドイツの水準をはるかに上回るような高度の研究能力を身につけてくる、というような道である。

注

(1) 本章は、二〇〇五年一一月に神奈川大学でおこなわれた国際シンポジウム「世界から見た日本文化」での講演原稿に手を入れたものである(神奈川大学人文学研究所編 2007 を参照)。

(2) 周知のように、CSは一九六〇年代にイギリスで起こり、その後北アメリカに広がったあと、ようやく一九九〇年代に入って、ドイツ語圏でも知られるようになった。CSが望んでいるのは、新しい学問であることとではなくて、「コンテクストと知と権力の間」(Grossberg 1999: 56) のそのつどの関連を記述することと自体を問題とするような、言説方法、知的態度である。これは「文化」という、経験的で日常的な概念と、密接な関連をもっている。「文化」はもはや、実体ないし明確な境界づけができる対象領域とはみなされず、意味付与や同一化のプロセスとして、あるいは不断に権力アスペクトを含むような、社会的実践の象徴的次元として、多かれ少なかれ政治的な意味を帯びている。人は文化の中に生きているというより、むしろ文化的に生きているのである。つまり、人はそのつどの社会的コンテクストの中で、自分を他の人々から区別する特定の形式の中で行動しているのである。

（訳注1）なお、リヒターはこのとき再建された初代の日本学科主任教授として招聘されている。

（訳注2）研究プロジェクトの成果は、Steffi Richter (ed.) 2008 *Contested Views of a Common Past: Revisions of History in Contemporary East Asia*. Frankfurt / Main, New York: Campus-Verlag. を参照。また、マンガの国際交流を論じる次章「トランスとインター」も広い意味では同じ趣旨から出たプロジェクトである。

参考文献

Burgess, Chris 2004 “The Asian Studies “Crisis”: Putting Cultural Studies into Asian Studies and Asia into Cultural Studies,” *International Journal of Asian Studies* 1 (1): 121-136.

Grossberg, Lawrence 1997 *Bringing It All Back Home. Essays on Cultural Studies*, Durham, London: Duke University Press.

Grossberg, Lawrence 1999 “Was sind Cultural Studies?”, In: K. H. Hörning und R. Winter (Hrsg.) *Widerspenstige Kulturen. Cultural Studies als Herausforderung*, Frankfurt / Main: Suhrkamp, 43-83.

神奈川大学人文学研究所編 2007『世界から見た日本文化――多文化共生社会の構築のために』御茶の水書房

Lindner, Rolf 2000 *Die Stunde der Cultural Studies*, Wien: WUV Universitätsverlag.

Miyoshi, Masao & Harry Harootunian (eds.) 2002 *Learning Places: The Afterlives of Area Studies*, Durham, London:

Duke University Press.

Morris-Suzuki, Tessa 1998 "Global Memories, National Accounts: Nationalism and the Rethinking of History," paper presented at the IGU Political Geography Conference, National University of Ireland, Maynooth, Ireland, August 1998.

Narita, Ryūichi（成田龍一）, Tessa Morris-Suzuki & Yao Souchou 1998 "Zadankai: On Cultural Studies, Japanese Studies, Area Studies," *Japanese Studies* (Japanese Studies Association Australia) 18 (1): 73-87.

Niethammer, Lutz 2000 *Kollektive Identität. Heimliche Quellen einer unheimlichen Konjunktur*, Hamburg: Rowohlt Taschenbuch.

Richter, Steffi 2003 "Zurichtung von Vergangenheit als Schmerzlinderung in der Gegenwart," In: Steffi Richter und Wolfgang Höpken (Hrsg.) *Vergangenheit im Gesellschaftskonflikt. Ein Historikerstreit in Japan*, Köln, Weimar, Wien: Böhlau, 1-26.

Said, Edward 1979 *Orientalism*, New York: Vintage Books.（エドワード・サイード 1986 今沢紀子訳『オリエンタリズム』平凡社）

第五章　トランスとインター——日独のマンガ交流から見えてくること

一　国策化するポップカルチャー

たとえば、日本のようなひとつの国が、自国や世界をどのように見ているか。またそれが世界でどのように見られているか。この相互認識からこの国の、また世界のイメージが生まれてくるわけだが、それらとともに、アイデンティティもまた生まれてくる。このようなイメージやアイデンティティには歴史があり、その歴史はまた、さまざまな物語を通して語られていく。たとえば、日本研究者たちがその著書や論文を通して、日本のイメージやディスコースについての学問的な語りを作り上げる、というように。しかし、それだけではない。この語りにはミュージアム（美術館／博物館）やその他の展覧会なども加わってくるからである。そしてほぼ十九世紀の半ば以降は、とくに文書に基づいた学術と展示品を見せるミュージアムの二つの制度が、美的ハイカルチャーの日本像をメインストリームにおいて担ってきたのであった。そしてこの点に関しては、しばらくの間、変化はなかった。

ところが、一九六〇年代に「メイド・イン・ジャパン」の日用品が市場を席捲し、この国が経済大国として称揚されたり恐れられたりするようになると、これらの簡素で洗練された日用品が、「日本人たち」によって先祖代々受け継がれてきた稀有な「美的センス」を体現したものとみなされるようになる。以来、電化製品や自動車および大企業の製品が、それと同じようにして売り込まれてきた。こうした「商品美学」（Haug 1971）は同時に新旧の日本像に不可欠の要素となったが、このイメージづくりには、もはや最初にあげたようなエリートだけではなくて、デザイナーや広告のプロ、とりわけ新聞、雑誌、テレビ、車内広告などの、マスメディアを利用した文化産業の立役者たちも加わってきた。それにつれて、アカデミズム側もまた、過去の文化的英雄のみならず、さしずめ「ザ・ジャパニーズ」を代表するような「モダン・サムライ」にも関心を示すようになった。

一九九〇年代末から、国民国家のイメージづくりに新しい変化が認められる。いまや、ポップカルチャーが「美しい日本」のイメージづくりに加わり、Jポップのおかげで（「クール・ブリタニア」を踏襲した）「クール・ジャパン」のイメージも広がった。情報化の時代において、こうしたポピュラー・カルチャーの製品に熱狂したのは、何よりもアジアや欧米のマンガ、アニメ、ゲームのファンたちであった。やがて政治家たちも、それまで無視するか忌避していた、ポピュラー・カルチャーのもつ可能性に気づかされた。彼らもポピュラー・カルチャーを国民文化の一部をなす「ソフト・パワー」に指名し、いまや経済における「グローバル・プレイヤー」としての「ハード・パワー」の地位を脅かされている日本の将来を守るためには、これらをぜひとも支援しなければならないと考えるに至っている。
このような商業とファン／ポップカルチャー、およびネーションのリンクは、「ネーション・ブランド」として、この間、生産中心主義的な産業社会から知識に基づいた情報・サービス産業社会への転換がおこなわれているところでは、至るところに見られる。ネーションと国家は「嗜好共同体」へと変質し、その象徴はさしずめ国旗のような表徴あるいは商標となって、プラスのイメージや好ましい感情を生み出すべきだとされるのである。

こうしたコンテクストにおいて、これらの象徴およびそれと結びつけられた物語／歴史《ゲシヒテ》は、社会的な亀裂を修復したり、戦争や解放の使命という名目で「海外」に出ていくために、「内的」に統一された自国民に向けられるだけではない。むしろ、それらによって伝えられるメッセージは、海外の人々にも向けられる。その結果、ナショナルな空間で使われていたものが大量に消費され、その空間自体が魅力的で競合可能な市場になっていく。その場合、政治や経済にとってマンガ、アニメ、ゲームなどのポップカルチャーの製品が魅力的なのは、おそらくそれらが――その特殊なメディア的かつ美的な表現手段のおかげで、国語というようなナショナル・ランゲージにあまり拘束されていないため――トランス・ナショナルな市場で、より円滑に循環するからであろう。

二　日マン独とは

いま、ごく大雑把に述べたことを、もう少しわかりやすくするために、以下では「日マン独」の例をとって、より具体的に考察してみたい。

「日マン独」とは、独日交流一五〇周年をきっかけにして二〇一一年に企画されたオンライン・マンガ・プロジェクト、すなわちマンガ・ブログのことである。このブログは当初、範囲も限られていたが、二〇一一年一月二四日から一〇月七日までの間に、コミック作家ディルク・シュヴィーガー（六月初めからは彼に代わって、ドイツ語圏最初のプロマンガ家、クリスティーナ・プラカ）と少女マンガ家、松岡和佳の二人が、隔週で合計見開き三六頁のシリーズを描き綴ったものである。日本語版が東京ドイツ文化センター（ゲーテ・インスティテュート）のウェブサイトでのみアクセスできたのに対して、ドイツ語版の方は四月から一〇月までの間、月刊誌『*Comix*』（二〇一〇年六月創刊）にも掲載された（訳注1）。

そもそもインフレ気味に使われている「トランス」とか「インター」という接頭語が、「文化的」とか「ナショナル」とのつながりにおいて何を意味するのか、またそれがもたらすコノテーションがどのような歴史的なかかわりをもっているのか。「日マン独」は小規模だが、この問題を明らかにするのに適した例である。

まず「日マン独」の編集を担当したジャクリーヌ・ベルントの言葉を引用しておこう。

〔この企画は〕「マンガ」を媒介に「日」と「独」の異文化を交流させるコミックブログであった。その委託者であるドイツ大使館は、二国の文化的関係を照らし出し、かつ日本の若者に受け入れてもらえるのはマンガにすることが最適ではないかと考え、この形式をとった（ベルント 2011: 81）。

「委託者」とは具体的には、ドイツ連邦共和国大使フォルカー・シュタンツェル氏のことを指し、政治側の代表である。大使は個人的にも以前から、コミックスないしマンガに詳しい読者だったかもしれないが、いずれにしても両国間のインターナショナルな場においても、マンガというメディアを通して公式に両国交流の歴史と現況を伝え、両国民を啓蒙したいという企画が実現したのは、最近では必ずしも突飛な話ではないだろう。

日本では、印刷物の四分の一がマンガとなって、しかもマンガやアニメのデジタル生産とインターネットを通して、その普及がますます大きな意味をもってきている。だからこのような方法で若年層の読者に接近しようとすることは、（たとえその数は限られるとはいえ）大いに考えられる方策である。マンガを通して両国の歴史と現在の出来事を伝え合い、さらにそれを通して「われわれ」とはだれなのか、「われわれ」はどうやって――「他国」との「交流」において、また「相互影響」を通して――今日に至ったのか、「われわれ」を国民文化として互いに区別するものは何か、といったことを語ろうとすること。このような啓蒙的な態度および意図からすれば、確かにこのプロジェクトを「インターカルチュラル（文化間）」の対話と呼ぶことには、意味がある。

おそらく国を代表する大使も、また「日マン独」のサイトを提供し、「ドイツ語とドイツ文化を海外において育成普及すること」に努めるドイツ文化センターも、「日本人」（および「ドイツ人」）に限られず、ひいては出身の如何は二の次となるような、ダイナミックで生産的な「クリエイティヴ・クラス」（Florida 2002）の代表者たちを幅広く獲得しようと、事を始めたのであろう。

〔二〇〇一年〕創立六〇周年を迎えたドイツ文化センターは、最近ミュンヘン本部にマーケッティング部を設けた。この部署は「ジャーマン・ブランド」のもとに、新しいサービスと製品を開発し、それを効果的に「顧客」に提供することを担当するという。だから、ドイツ学術交流会（DAAD）、ドイツ大使館、ドイツ企業／連合会、財団などと協力して、そのつどのホスト国の見本市への顔出し、情報説明会、メディア・キャンペーンなどをおこなっている。これは「教養と研究と高等教育の場」たるドイツを、「文化国家としてのドイツ」あるいは「アイデアの国 Land der Ideen」などの商標で売り込もうとするためである。おそらく、ドイツ文化センターの講座では最近、ゲーテの詩よりも（「日マン独」も含めた）マンガ、あるいはマーケッティング戦略やその他の有益なテーマのテクストが読まれているのであろう。

ここであらためて強調しておきたいのは、ナショナル／インター・カルチャーないしインターナショナルに対する、サブ／トランス・カルチャーないしサブ／トランス・ナショナルなど、もともと別々のレベルにあった人や組織同士の似たような絡み合いが、他のところでも認められることである。その典型例は、さまざまなホスト国における、日本と韓国の大使館、あるいは日本の国際交流基金と韓国のそれ、およびそれらとポップカルチャーや制作者とのリンクである（1）。

こうした結びつきを通して、両国の側に変化が生じてくる。ひとつは、ポピュラー・カルチャーが「ナショナル・ブランド」の手段となって、それによって国とその文化がトータルに経済化され、経済の場所として競合しながら、社会化の様式に従うようになる。もうひとつには、その裏面として、ポップカルチャーの制作者たちがそれに合わせて経済のカルチャー化、いわゆる「文化資本主義」（Rifkin

2001）を担い、促進する。すべての商品にイメージが付与されるだけでなく、その制作者たちの無形労働もまた、技術的、精神的、感情的な能力ともども利用され、資本のサイクルに回収されるのである。この総合的な試みは、そもそもどこまで可能なのか、また（ポップカルチャーも含めた）制作者たちはそうした回路から逃れて自由でいられるのか。こうした問題については、これまでにも盛んに論争がなされてきた。

三　交錯するインターとトランス

「日マン独」を「トランス／インター」の観点から考察する第二の理由は、すでに述べた「独日交流一五〇周年」というきっかけである。この一五〇年という期間は、「日マン独」のシリーズ最後（第三二〜三四回）でも、直接テーマになっている。

桜／百合こと松岡とプラカは、たとえば一五〇年前の独日両国の人々が何を食べていたのか、両国の関係がどのように始まって、「お互いがお互いの国の内情によって様々に変化しながら……今日の日独関係がある」のか、両国はどのような影響を与え合ったのか等々について、対話を交わしている。

こうした語りには、今日に至るまでわれわれに影響を与えている、自己描写と他者描写の言語モデルがはっきりと現われているが、その起源は、いまあげた一五〇年前の時代にあった。それはフランス、イギリス、アメリカを初めとして、世界中で資本主義的な国民国家が形成され、自己像と他者像の表象化が開始される時期でもあった。その場合、「ネーション」と「国民」が、国内では社会文化的統一を果たし、海外に向けては確固とした閉鎖的アイデンティティを顕示するような、中心的「われわれ」のイメージを形成する。そしてそれによって、世界はこの固定した統一体同士の「インター」として記述され、物語られるようになる。すなわち、それらの統一体が互いに接触し、交渉し、影響し、模倣し、脅威を感じ、戦争し、行為し合う《インター》というように。

しかし、しばしばこの観点から抜け落ち黙殺されてしまうのは、こうした世界が同時に、当初より「トランス」の刻印を受けていたという事実である。すでに一八四八年、マルクスとエンゲルスは『共産主義者宣言』でこう述べている。

（資本、ブルジョアジーは）世界市場の搾取を通して、あらゆる国々の生産と消費とを世界主義的なものに作りあげ、（中略）生産用具の急速な改良によって、無限に簡単になった交通によって、すべての民族を、もっとも未開な諸民族をも、文明の中へ引き入れる。

国境線を引いた、国民国家的な「われわれ」は、国境を曖昧にしてしまう商品や貨幣のグローバルな流通および植民地化と、不可分な関係にある。しかも、植民地化の方は、当事国や当事者地域において、（政治的にインターナショナルに組織される）解放運動を通して動員されうるような、自分たちの民族的ないし国民的アイデンティティを作り上げようという欲求を呼び起こす。だから、十九世紀半ば以降の「トランス」と「インター」が相互に依存し合う複雑な歴史は、つねに非対称で、しかも権力関係によって左右されてきたのであった。

二十世紀後半のポスト・コロニアル、ポストモダン、またその他の「ポスト」情勢の進展に伴って、ようやく「トランス」の視点が人々の口に上り、ディスコースとしても目立つようになってきたが、それとともに「インター」もまた新たな意味を獲得することになった。

再び日本を例にとれば、その近代化はもはや、「西洋」による「キャッチアップ」の歴史として語ることはできない。この国の歴史は、さまざまな亀裂を含みながらも、全体としては成功裡に進み、韓国など他の国では挫折したが、日本では工業技術および制度の輸入と自国の伝統が結びついた結果、「西洋化」に成功したのだと吹聴されてきた。だが、トランス・ナショナルな観点からこの発展を見るならば、そこにはむしろ「反コロニアルなコロニアリズム」としての帝国日本の、両義的な位置が浮かび上がってくる。そこから次のことが明らかになる。この植民地主義は、たいてい資源や労働力のストックとして役立った従属国(朝鮮、半植民地化された中国)に影響を与えただけではなく、同時にそれが、日本および東アジアにおいて近代的な諸関係を打ち立てるための不可欠の要因をなし、戦後の今日に至るまで影を落としているということである。

さらに、こうしたトランス・ナショナルな視点は、一九四五年に始まった「戦後」構想が、日本と欧米を中心とするイメージの産物でもあることを明らかにする。たとえば、朝鮮戦争とベトナム戦争が、裕福な「同質的な中産階級社会」を形成する「高度経済成長」の要因となったと言えるのも、こうした視点からである。

また韓国のような、かつて従属的であったポスト・コロニアルの国々では、(ナショナルと言っても)まず最初に「反日」と規定されるようなナショナル・アイデンティティが形成される。じじつ、韓国では一九九八年まで、公式には日本文化の輸入を禁止していた。そのため、欧米諸国より少し早めに、若い世代の韓国人たちが求めていたマンガなどのポピュラー・カルチャーの製品は、当初は非合法に取引されていたのである。

これらのマンガが日本製であることを隠すために、海賊版の翻訳には「メイド・イン・コリア」のラベルが貼られた。いわば、日本のマンガ家の作品は韓国の作家たちによってコピーされ、国の検閲上の認可が得られてからマンファとして出版されたのである。(中略)今日のマンファを見れば、それらはマンガ文化の分野に属していることがわかる。それがハイブリッドで、「日本」の拒否と受容の両面を体現していることは、朝鮮の歴史とナショナリズムの解釈に関して典型的なかたちで見られる(Yamanaka 2008: 324-325)。

世紀を越えて続いたコロニアルとポスト・コロニアルの歴史の流れの中で、「日本的なもの」と「韓国的なもの」との相互行為も、つねに非対称で、かつ国民文化的な優勢と劣勢の力関係を免れることはできない。最近では、そこにマンガ/マンファなど、ポピュラー・カルチャーの新しい販売市場をめぐる経済競争が絡み、変化をもたらしている。「Jポップ」と「Kポップ」、「クール・ジャパン」と「韓流」、「アンビシャス・ジャパン」と「ダイナミック・コリア」は、それぞれに対応し合うキャッチフレーズだが、これらのフレーズを使いながら政治家や「グローバル・プレーヤー」としての企業は、とりわけ海外に向けて読者、ユーザー、旅行者などの消費者を獲得しようとし、国内ではそういう企業を愛国市民として扱うよう、奨励もしている。

しかし、「J／K」は本当に、ナショナル・アイデンティティを創出するほどの力があるのか、また、ナショナルを前提とする「インター」という言葉で表現し、理解してよいのかどうか、という疑問が出てくる。すなわち、こうした商標をつけられた製品やそれが約束するものを、ローカルとグローバルの相互依存（「トランス」）として表現する方が適切ではないのか、という疑問である。越境を目標とする生産やマーケッティングの戦略は、ナショナル・アイデンティティをけっして放棄することはないだろうが、しかし、同時にそれは、グローバルのヴァリエーションとして、新しいローカル・アイデンティティの形成をもたらす。つまり、それは、基本的には商業的であることを免れないが、その発祥の地である社会空間と諸関係からは解き放たれていくのである。

ジャクリーヌ・ベルント編集東アジアのマンガ研究 Jaqueline Berndt（Hrsg.）2012 *Manhwa, Manga, Manhua: East Asien Comics Studies*, Leipziger Universitätsverlag

> 内と外との間にある、社会文化的境界を刻印するよりも、グローバルなポストモダンにおけるローカルなものの方が、見慣れたものと風変わりなものとの間の、あるいは近親関係への直感と固定した歴史的、社会的な参照点を前提する必要のない距離感との間の、より柔軟で情緒的な区別に、効果的にはたらくのである（Yoda 2000: 661）。

もともとのナショナルで特殊なコンテクストから、トランス・ナショナルでトランス・カルチュラルなコンテクストへとシフトすることによって、同時に、経済と政治の絡み合いという視点とはまた別の視点が得られる。そこで次に問われるべきは、これらの製品の使用者／消費者という存在である。彼らがマンガも含めたこれらの製品を、ローカルなかたちで使用・消費することによって、初めて「Ｊポップ」が成立するからである。

「日マン独」の話に戻ろう。この事例において語られる「Ｊ」なるものが、ナショナルで文化的に固定した実体に見える国家としての日本とは結びついていないとしたら、それは何を代表することになるのだろうか。言い換えれば、グローバルかつローカルなマンガにおいて、「日本的」とは何か。また、特定の技能や欲望をもった世界中のローカルなファン共同体を引きつけるのは、このマンガに特有の文法や表現なのだろうか。だとしたら、「日本の」物語は、このような表現を通して、どのように取り引きされるのか。さらにはまた、たとえ一時的にではあれ、それが再び（インター）カルチュラルな同一化を可能にすることもあるのだろうか、などの諸々の問いが生じてくる。

〔二〇一一年〕一〇月七日のブログシリーズ最終回には、「日マン独」のすべての作家とキャラクターが登場している（訳注2）。ここでは文化的視点の違いを画風の次元において示唆するかのように、三人の画家〔シュヴィーガー、松岡、プラカ〕が、そのキャラクターも含めて、お互いを描き合っている。背景には、一八六一年にプロイセンと日本の間に結ばれた条約の一部が見えるが、登場人物たち自身はちょうどマイクに向かってジョン・レノンの「イマジン」を唄っているところである。これは確かに、それ以前のシリーズで取り上げられたテーマ——食べ物、サッカー、さらにはジェンダー問題、音楽、気候など——のまとめとして成功している。また、日独の「インター」を越えていくものとして、英語が志向されてもいる。

すでに〔シリーズの〕最初のところで、日独のデュエットは、つねにグローバルな関連のなかにおかれ、「いま生きる私たちは、文化の面でポルディくんのような雑種ものなんじゃないか」とディルク・シュヴィーガーは発言していた。この雑種性は、彼の担当した部分の文字テクストと画像の複雑な絡み合いからも見てとれるが、その複雑さのせいで、この部分は日本マンガに近い他の部分に比べると、やや「消費」しづらいものとなっている。他方、松岡のマンガは、小さな物語を通して両国のさまざまな現象を比較しているのだが、しばしばステレオタイプ化を免れていない。

しかし二〇一一年三月一一日の出来事、すなわち東北福島の「三重災害」(2)に関しては、ふだんは政治的テーマを直接扱うことを避けるマンガ家たちも、この「日マン独」においてははっきりとした態度をとっている。松岡のキャラクター桜／百合は、支配的エリート層の致命的な誤りに対して、自分たちの不安や怒りを表明するだけではなく、自分たちのこれまでの原発や放射能への無知や無関心を認めてもいる。また、それ自体国境を越えて脅威となる原発と放射能を語る場面では、広島出身の松岡本人を直接登場させ、「いま、福島で似たような人間への風評被害が問題になってるけど、同じ過ちを繰り返してほしくないよ

日マン独クロージングイベント「座談会　日独マンガ比較論」(2011年10月2日，京都国際マンガミュージアム）ディルク・シュヴィーガー，クリスティーナ・プラカ，松岡和佳，ジャクリーヌ・ベルント（司会と通訳）

ね」というように、広島の犠牲者に対する差別を、現在の福島の災害とも結びつけている。

そしてシリーズの最終回では、彼女は他の作家たちとともに「Imagine there's no countries, it isn't hard to do（想像してごらん　国なんてないんだと　そんなに難しくないでしょう?.）」とジョン・レノンの歌を唄うのだが、それに続く歌詞が「Nothing to kill or die for（殺す理由も死ぬ理由もなく）」であることは、知る人も少なくないだろう。

四　マンガ世界における「日本」とは

興味深いのは、たとえば、シリーズの第三回から第七回にかけて描かれているように、マンガというメディア自体が、多様なかたちでテーマ化されていることである。そもそも「典型的日本」とは何かという問いに関して、ここでは、二つの次元間の往復が目につく。ひとつは、事物に特定の文化的意味が与えられる表象の次元であり、ここでは特定の要因やモノが「何かについての知」として、その正当性や歴史的正確さを問われている。

もうひとつは、表現スタイルの次元であるが、この点に関して、トランス・カルチャーの視点から見た「日本的なもの」を問題にしてみよう。この視点から目につくのは、とくに一九九〇年代以降、日本以外のところにも、クリスティーナ・プラカのようなプロのマンガ家が登場することである。シュヴィーガーは、第六回で彼女のことを「ゲルマンマンガ家」と名づけ、「彼女の描いたマンガは、ドイツの読者にはもはや日本のそれと区別できない」とさえ言っている。プラカ自身は、第一九回と第二一回で、

「日マン独」の登場人物として顔を出している。

以下では、彼女が「日マン独」に描いた部分を手がかりに、トランス・カルチャーの三つのアスペクトに立ち入るが、まずグローバル化されたマンガのもつ、形式的特性から始めてみよう。

「こんにちは皆さん！　はじめまして、クリスです。私はギリシャ人ですが、一五年前からドイツでマンガを描いています」というセリフをもって、プラカは自己紹介をおこなう。先には韓国のマンファが問題だったが、今度は「ゲルマンガ家」である（ついでにあげておくなら、他のローカル・ヴァリエーションとしては「ＯＥＬ（Original English Language）マンガ」などが知られている）。

ところで、そもそも日本人以外でも、マンガ家になりうるのだろうか。この問いに答えているのが、マンガ評論家の伊藤剛である。伊藤によれば、マンガは読書行為と結びついていて文学に近く、しかも、もともとは日本語の文字と結びついていることから、アニメやゲームよりも「日本」との親和性が大きい。とはいえ、この場合の「日本」は、国民国家としての日本と直結しているわけではないという。それはむしろ、「日本」と結びついたマンガのスタイル、つまり「日本スタイルのマンガ」のことだという（伊藤 2008: 124）。いったい、伊藤はこれでもって、何を言わんとしているのだろうか。

「日マン独」の中で三段をぶち抜いて初登場するクリスは、自分の夢見ていた日本について、こう語っている。彼女が最初に日本を知ったのは、「こちらでも見られるアニメ」からだったという。日本は牧歌的で、浴衣を着る夏祭りはロマンティクで、学校の制服はセンスが良いと思っていた。つまり、彼女はマンガを超えて、世界中の読者たちと同じように、日本を「発祥の地」とするファッションや物品をも享受していたわけである。

彼らは、自国に以前からある主流的なサブカルチャーではなく、わざわざ"manga"を選んだ。彼らが自身の「物語」を語るためにマンガを選びとった根拠として見出せるものこそが「ハリウッドに簡単に回収できない」ものではないのか（同：138）。

マンガが提供しているのは、この「嗜好共同体」が自分たちのストーリーを物語るための表現手段にほかならない。伊藤によれば、その場合とくに、簡単な線画や可愛さゆえに、感情的絆や感情移入を可能にするような「キャラ」が重要な役割を果たすという。これを、マンガの他の中心的な要素――コマ構成と言葉（モノローグ、内声、オノマトペ）――と組み合わせることによって、複雑な感情を表現することができ、そこに「マンガ的内面」が成立するという。「そこでは（中略）家族や友人といった親密圏の関係を残して、社会的な属性は極度に縮退することができる」のである（同：141）。

なぜ、このような表現システムが日本に生まれ、成熟することになったのか。伊藤はそれを、この国の特殊性に結びつけ、さらに環太平洋のコンテクストの中に位置づける。しかし彼は、国／ネーションとしての「日本」と、美的属性としての「日本らしさ」とを区別する必要があることを、繰り返し強調する。ここから、マンガが世界中に広がったことに対する伊藤の解答も明らかになる。たとえばアメリカでは、コミックスは子供の心情用と大人の心情用に分けられているのに対して、ティーンエイジャーとその感情世界のものは、ほとんど存在していなかったとして、さらにこう言われる。

諸外国とくに欧米で日本マンガが受容された理由に、彼の地では、〈コミックス〉が児童向けと一部の趣味人的大人向けに二極分化し、思春期の少年少女の、とりわけ少女たちの心情に繊細に寄り添うようなものに乏しかったことがあげられる。こと北米では、日本のアニメやマンガは「ピューリタン的な価値観に疲れた層に可能性を示し、救いとなっている」という声もある。いずれにせよ社会が要請する、ある種のマッチョイズムに抑圧を感じている十代の受容に応えているという見方は許されよう。それは少女たちであり、また「弱い男の子」たちでもあるだろう（同：144）。

伊藤の考察は「マンガ的」な現代文化、あるいは「世界のマンガ化」と特徴づけられる事態と重なり合っている。これはたんに「メイド・イン・ジャパン」というコンテンツの地政学的拡散として理解できることではない。〔日マン独を編集した〕ベルントによれば、ここでは特定のマンガのグローバルな広がりを後押しするような感性的、文化的配置が問題となっているのであり、とくに自分たちの中に他者と親密な仲間を同時に探し求める、いわゆる「ポップ・コスモポリタン」の「共同体」が問題になっているのだという（Berndt 2007 参照）。

トランス・カルチュラルをめぐる二つめのアスペクトは、マンガ史との関連で明らかになる。「日本的であること」を歴史的に基礎づけようとしたり、それを中世まで遡ったり、あるいはまた語源から『北斎漫画』と関連づけようとする試みは、つねにある。だが、特定の生産様式やビジネス・モデルをも表わすような「日本的」なるものは、戦後になって初めて出てきたものであり、これを民族的でナショナルな存在としての「日本」と、同一視することはできない。

自ら批評家で、マンガ原作者でもある大塚英志は、そのような何百年にもわたるマンガの伝統を「捏造」しようとする試みの中に、あるイデオロギーを読みとる。とくにそうした試みは、写真や映画の場合と同じように、マンガが一九二〇年代から三〇年代の第一次文化グローバル化時代の産物であったという事実を忘却させる（以下、大塚・大澤 2005 参照）。当時、ディズニー文化やソヴィエト前衛芸術に鼓舞されて、日本でも美的モダニズムが形成された。これが日本ファシズムの弾圧下で国家政治に統合され、後にオタク文化の特徴となったいくつかのメルクマールを生み出したと、大塚は言う。占領時代（大塚の言葉では第二の文化的植民地化の時代）には、ディズニーの特殊なスタイルは、あらゆる可能な物語に向けて開かれていた。今日、マンガとアニメが逆転してアメリカで広がりを見せていることは、かつてのアメリカ文化の「亜種」が、宗主国アメリカに再び「回収」されていくことを意味する。それを、誇り高きオリジナルな「日本の文化」などと称揚するのは、日本が陥った「戦後史の忘却」の表われだと、大塚は批判するのである。

トランス・カルチュラルをめぐる三つめのアスペクトは、「メディア・ミックス」というポストモダンの現象にかかわる。メディア・ミックスというのは、生産者の側でより大きな経済効果を狙って、あるメディア（たとえばマンガ）のシリーズとなるようなキャラクターを、他のメディア（アニメ、ゲーム）に多様なかたちで転用することである。二〇〇〇年以降日本では、海外におけるメディア市場での売り上げを高めるために、このトランス・メディアが一連の政治的、法的措置による側面支援を得ている。だから、メディア学のアレクサンダー・ツァールテンなどは、マンガ／アニメはひとつの製品と言えるのかを疑問視して、そもそも生産者と消費者を明確に分けられる、旧来の意味での製品・生産物として扱いうるかどうか、疑問視している。ツァールテンによれば、たとえばアニメは、もはや内容的にも形式的にも、単純にひとつのジャンルではなく、何よりも「多様な商品と活動の複合的な組織原理 Organisationsprinzip」を形成している（Zahlten 2008: 82）。マンガ／アニメ業界の生産とマーケッティングの戦略はまさに境界を越えて、キャラクターのみならず、それにお金と時間を費やしてくれるファンまでも誘導する方向に、文字通り活性化《アニメート》しているのである。

こうした戦略の場となるのは、いわゆるコンヴェンションや即売会である。ここでは今日、世界中で消費されるフィクションや消費者たちをつなぐ、ルールに従ったアレンジメントが盛んにおこなわれている。それは、一九七五年以来東京で開かれている販売見本市コミケットの規模（3）には、とても及ばない。しかし、そのようなコンヴェンションには、海外からもコスプレ・ファンやマンガのプロを抱えた同人誌の創刊者、マンガ／アニメ業界の有名人たちが集まってきたり、ときには授賞式のために外交官もやって来る（訳注3）。あえて言えば、おそらくこれが、マンガ／アニメのポップカルチャーにおける「日本的なもの」なのであろう。

Manga-Comic-Con ライプツィヒ国際ブックフェア　コスプレ大会
http://www.manga-comic-con.com/Press/Multimedia/Photos/

効果的な製品戦略やビジネス戦略、さらには、サイボーグ・ティーンエイジャー・果てしなく続く戦いといった特定のテーマをもつ物語や美的戦略、これらをひとつにまとめたもの、そこにはアイデンティティの境界の可能性と同時に不可測性も出てくる。この世界はしばしば遊び半分で、ファンタジーに充ち溢れているが、「その変換や他者との出会いは、その困難も含めて、チャンスともリスクともなる」（Zahlten 2008: 85）のである。

このことは——日本をはるかに越えて——明らかに、ポップ・コスモポリタンと結びついた「マンガ的」認識モデルと呼応し合っている。しかしそれは、彼らが世界の中で自己を方向づけ、行為する唯一のモデルだということを意味するわけではない。そのようなグローバルな認識モデルがいつ、どのように活性化されるかは、さまざまだからである。それはナショナルというより、むしろローカルでサブカルチャー的になるだろう。なぜなら、こうしたポップ・コスモポリタンは、どこにも場所を持たない人たちではなく、それぞれ具体的で多様な関連のなかに生きている人たちだからである。だから、そこには、単数形で語られるような「日本のポップカルチャーにおける日本的なもの」などというものは存在しえず、「日本的」なるものも、そのつど異なった「トランス／インター」の布置関係《コンステレーション》の中で絶えず取り引きされながら、新たに規定されつづけるだろう。

注

（1）以下のリンクを参照。http://anime-manga.jp（国際交流基金関西国際センター運営）；http://www.koreana.or.kr（The Korea Foundation）など。

（2）三重災害は、ドイツでよく使われる表現で、震災、津波、原発事故の三つを指す。

（3）二〇〇七年には三万五千の同人誌「サークル」、五〇万人以上の参加者があった。Noppe 2010参照。

（訳注1）日マン独のブログhttp://www.nichimandoku.jpは閉じられたが、京都国際マンガミュージアムのウェブサイトに「日独交流１５０周年マンガイベント」として、日マン独の記事がある（http://www.

kyotomm.jp/HP2016/event/exh/jd150.html）。

（訳注2）日マン独のシリーズ最終回の前に行われたクロージングイベント「座談会　日独マンガ比較論」（二〇一一年一〇月二日、京都国際マンガミュージアム）は、YouTubeで視聴できる（パート1〜5、https://www.youtube.com/watch?v=U5lOZhITXcY ほか）。

（訳注3）たとえば、ライプツィヒ国際ブックフェアのマンガ・コミック・コンヴェンション。これは毎年三月に開催され、二〇二一年は三月一八〜二一日に開催が予定されている（MANGA-COMIC-CON The convention at the Leipzig Book Fair 18-21/03/21）。http://www.manga-comic-con.com/

参考文献

Berndt, Jaqueline 2007 "Globalisierende Manga, mangaesque Kultur: Oberflächen, Zeichen, Beziehungsgeflechte," Vortrag am Japanisch-Deutschen Zentrum in Berlin, Oktober 2007.

ジャクリーヌ・ベルント 2011「後書き」ディルク・シュヴィーガー、松岡和佳、クリスティーナ・プラカ作、ベルント編『日マン独——二〇一一年の日独交流一五〇周年を記念するマンガ／コミック・ブログ』東京ドイツ文化センター発行（非売品）：80-81.

Florida, Richard 2002 *The Rise Of The Creative Class: And How It's Transforming Work, Leisure, Community And Everyday Life*, London: Basic Books.（リチャード・フロリダ 2014 井口典夫訳『新クリエイティブ資本論——才能が経済と都市の主役となる』ダイヤモンド社）

Haug, Wolfgang Fritz 1971 *Kritik der Warenästhetik*, Frankfurt / Main: Suhrkamp.

伊藤剛 2008「マンガのグローバリゼーション——日本マンガ「浸透」後の世界」東浩紀・北田暁大編『思

想地図』vol. 1（特集・日本　別巻）ＮＨＫブックス : 121-150.

Marx, Karl 1848 *Das Kommunistische Manifest*（カール・マルクス〔1993〕2012 金塚貞文訳『共産主義者宣言』柄谷行人付論　平凡社ライブラリー）

Noppe, Nele 2010 “Dôjinshi Research as a Site of Opportunity for Manga Studies,” In: Jaqueline Berndt (ed.) *Comics Worlds and the World of Comics*, Kyôto: International Manga Research Center.（ネラ・ノッパ 2010「同人誌研究に見出せるマンガ研究の可能性」ジャクリーヌ・ベルント編『世界のコミックスとコミックスの世界――グローバルなマンガ研究の可能性を開くために』（和英2巻）京都精華大学国際マンガ研究センター : 125-140）http://imrc.jp/images/upload/lecture/data/9ノッパ.pdf

大塚英志・大澤信亮 2005『「ジャパニメーション」はなぜ敗れるか』角川 one テーマ21新書

Ôtsuka, Eiji（大塚英志）2008 “Disarming Atom: Tezuka Osamu's Manga at War and Peace,” trans. by Thomas LaMarre, In: Frenchy Lunning (ed.) *Mechademia 3. The Limits of the Human*, Minneapolis: University of Minnesota Press: 111-125.

Rifkin, Jeremy 2001 *The Age of Access: The New Culture of Hypercapitalism*, Los Angeles: Tarcher.（ジェレミー・リフキン 2001 渡辺康雄訳『エイジ・オブ・アクセス』集英社）

Yamanaka, Chie（山中千恵）2008 “Manga, Manhwa and Historical Consciousness-Transnational Popular Media and the Narrative De/Construction of Japanese-Korean History,” In: Steffi Richter (ed.) *Contested Views of a Common Past: Revisions of History in Contemporary East Asia*, Frankfurt / Main, New York: Campus-Verlag, 321-338.

Yoda, Tomiko（依田富子）2000 “A Roadmap to Millenial Japan,” In: Yoda Tomiko & Harry Harootunian (eds.)

Millennial Japan. Rethinking the Nation in the Age of Recession, The South Atlantic Quarterly, Fall 2000, 99(4), Durham, London: Duke University Press: 629-668.

Zahlten, Alexander 2008 "Something for Everyone. Anime und Politik," In: Deutsches Filminstitut (DIF), Deutsches Filmmuseum & Museum für Angewandte Kunst Frankfurt / Main (Hrsg.) *Ga-netchû! Das Manga/Anime Syndrom*, Leipzig: Henschel Verlag in E. A. Seemann Henschel GmbH & Co. KG, 76-85.

第六章　ポップ・ナショナリズムの現在――ワンダーランド・ヤスクニ

一　新しいナショナリズムの流れ

一九八九年という年は、一般には冷戦時代終焉の象徴とされている。そしてそれ以来、他の「西側」諸国同様、日本もまたシステム変動と言われるほどの、大変化のかずかずを経験してきている。いわゆるＩＴ革命とそれに伴うグローバル化の波は、「生産中心主義的な産業社会の構造とその社会組織を吹き飛ばし、それを知識に基づいた情報・サービス社会へと組み換えて」いった（Weiner 2008）。しかし、こうした変動の説明や分節化の仕方は、けっして無害なものではなく、むしろその変動を本質的なところで支えるディスコースを表現している。

この章では、まず最初に、日本でもネオ・リベラルで、かつネオ・ナショナルな勢力がこの領域においてヘゲモニーを握ろうと論争に参入してきているというテーゼから出発する。その場合、一見すると、さまざまに異なったイデオロギー上の立場が述べられているように見えながら、よく観察してみると、彼らの目標やその理由づけに使われている論争の戦略が、相互に連絡し合っていることが判明する。

たとえば、ネオ・リベラル派は国家を批判するが、彼らの批判は国家そのものに向けられているのではなく、ただそれへの「配慮」、つまり社会的調整という面からなされているにすぎない。結局は国家のいろいろな機能が再編成されて、「軍事的、法的、政治的な装置が、最も影響力と競争力を備えた多国籍企業の要請にいっそうフィットしてきている」のである（Yoda 2001: 643）。ネオ・ナショナル（およびネオコン）もまた、次のような矛盾を露呈させている。市場原理を少しでも多くの生活分野に拡大することを主張しながら、他方で、この前進する資本主義のもたらした結果を慨嘆し、価値の多様化が最後には価値の崩壊につながると主張している。つまり、一方で自由な企業家が称揚され、他方で快楽を追求するポストモダンの消費者が非難されているのである。

日本の伝統とアイデンティティを保つために、このような広範囲にわたる変化が要求されるのは、初めてのことではない。明治時代にも、和魂洋才というかたちで、変化を介した連続性の維持が言われていたからである。そして当時、それに先行する江戸時代／プレ・モダンが富国強兵のための陰画《ネガ》に書き換えられたように、今日では戦後史の再解釈がおこなわれている。

近頃では、「戦後日本」という代わりに、「戦後レジーム」という言い方が流行り、そこからの解放が必要だと主張されている。具体的には、安倍晋三の「戦後レジームから脱却する日本」というキャッチフレーズが、彼の「美しい国日本」という理念のネガをなしているのだ。この美の構想は、キャンペーンとしては失敗したが、その裏にある安倍個人を超えた、日本を「普通の国」に向けて改革しようという政治プロジェクトの方はそうではない。この「普通の国」という言葉で意味されているのは、「強固」で「健全なナショナリズム」をもった共同体ということである。この共同体の特徴は、それが自己責任と自己主導の個人、しかも自国への思い入れと誇りをもって行動する個人からなるところにあるのだが、これらの特徴は「戦後日本」からは失われてしまったので、あらためて「心の教育」によって再び創り出されなければならないとされる(1)。

「改革」「戦後日本」「普通」「自己責任」など、これまでどちらかというと左翼リベラルのものであった概念を、ネオ・リベラルやネオ・ナショナリズムの側から解釈し直そうとする試みは、かなりのところまで成功を収めている。われわれは、インターネットを含むマスメディアを通して、こうした試みに不断に出くわしており、これを批判する声もまた、こうした再解釈の動きを無視して通ることはできない。

しかし、こうした修正の動きは、たんに保守派の政治的エリートや知的エリートの活動にとどまってはいない。このネオ・リベラリズムとネオ・ナショナリズムの「新しさ」は、むしろポップカルチャーとの特異な密通関係にある。この密通関係は従来、どちらかというと無視されたり、タブー視されてきたが、最近になって「クール・ジャパン」とか「J・カルチャー」といった言葉で、ナショナルな自己主張の政治政策における「ソフト・パワー」要因とみなされるようになっている(Richter 2008)。たとえば、外務省のアニメ文化大使にドラえもんが「任命」されたり、ハロー・キティが「2007日中文化・スポーツ交流年」のシンボルにされたりしたことを想起しよう。同時に、ある時期から「ぷち・ナショナリズム」や「若者たちのニッポン主義・右翼化」も話題に上がっている。その例としては、ビッグ・イヴェントで日の丸・君が代のようなナショナル・シンボルを宣揚する、ポップ・スターたちをあげることができるだろう。

二つの「ネオ」とポップカルチャーとの結託は、私の眼にはもはや疑いようのないことに見える。この関係がどのようになっているかは、今後一つひとつのケースに即して具体的に分析しなければならない。いわゆるエリートとポップカルチャーの担い手が協力し合うコンテクストをそのつど検証しながら、いったいだれが、どのような言語的、映像的シンボルを、どのように利用し、また解釈しようとしているのかを、そのつど明らかにしていく必要がある。たとえば、いったいポップカルチャーは具体的な政治的コンテクストの中で、それに見合ったアイデンティティをどのように分節化しているのか、というように。これらのアイデンティティは、たとえ同じ言葉が使われていても、けっして同じものではない。文字通り、それは、同床異夢の状態となっている。だから当然にも、コンテクストが変われば、それに応じて別様に構成され、受容されることにもなる。

以上の一般論を前提に、ここでは「靖国」というトポスに即して、具体的に論じてみたい。中島岳志によってつくられた「靖国萌え」（中島2007）という表現は、まさに先の二つの「ネオ」とポップを結びつけた「ポップ・ナショナリズム」の典型と言うことができるが、この特殊な神社の解釈をめぐって、いったいどのような争いがあるのか。靖国も「普通の神社」であるべきだという場合の「普通」とは、いったいどういうことを意味するのか。「八月一五日の靖国」というように、いわゆる英霊の崇拝が普通にとりおこなわれるところ、という意味なのだろうか。それとも、七月中旬におこなわれる「御霊祭りの明るいワンダーランド」のように、他の神社同様、若者たちが楽しみにやって来る娯楽の場ということなのだろうか。そして、それらの間に折り合いはつくのだろうか。

撃論ムック・シリーズ『八・一五と靖国の真実』では、靖国神社が「ワンダーランド靖国」として紹介されているが、この雑誌は二〇〇八年八月に、右翼ジャーナリストの西村幸祐によって編集出版されたものである。この雑誌には、それぞれのやり方で「靖国」のディスコースの修正を図る三つの流れを代表する人たちが顔を出している。そこで、以下この人たちに焦点を当てて、分析してみたい。

まず最初に、この編集者の西村にくわえて、神道の歴史を追っている高森明勅（「新しい歴史教科書をつくる会」の元理事）や評論家の富岡幸一郎（『新大東亜戦争肯定論』の著者）といった、保守右翼の学者や世論の代表者たちを取り上げてみよう。靖国神社を復権させるための彼らの論議は、一般にもよく知られ、ここで詳しく紹介する必要はないと思う。簡単に触れておくと、靖国神社は日本固有の宗教的伝統の場所であると同時に、戦死者を弔う場所であり、これはどんな国民国家にもあって、国家および政府を代表する者が、この場所で公式に英霊を参拝するのはごく普通のことだとされる。

しかし、私見ではここにひとつ、新しい観点が入っているように思えるので、それについて少しコメントしておく。彼らの主張によれば、一九四七（昭和二二）年に始まった御霊祭りに、二十万人もの人たちがやってきたことは、人々の「密かな抵抗」と「占領軍に対する表立たない不服従の意識」の表われと解釈できる。しかも占領軍は、いわゆる東京裁判史観の中心的要素として国家神道イデオロギーなるものをでっち上げ、それによって靖国神社を解体しようとしたのだと主張する（おそるべき歴史認識！）。

二　つのだ☆ひろと英霊来世

二つめの流れの代表者として、つのだ☆ひろをあげておきたい。一九四九年生まれで団塊の世代に属するつのだは一九七一年「Mary Jane on my mind」という曲でジャズおよびソウルのミュージシャンとして知られるようになった。彼は、一九九八年に出た自伝的なエッセイ集『パパはソウルマン Papa is the soulman』のカバーに、世界中どこでも「クール」とみなされるような、あの独特なポーズでおさまっている。このポーズは、もともと長い間反抗と批判のハビトゥスを意味し、それによってマイノリティが不当な社会的束縛や支配に対して、あからさまで、かつ堂々と、自分たちの身を守ろうとしたものだった。しかし、いまや「クール」は、ネオ・リベラルのエリートたちによって「クール・ジャパン」と解釈し直され、新しく登場してきた中産階級のアッパー・クラスにとって一種の手本となっている。この人たちは「クリエイティヴ・インダストリー Creative Industry」つまり、情報テクノロジー、メディア、芸術、デザイン、マネージメントといったコンテンツ産業に従事し、たとえて言えば、超アーバンな六本木ヒルズで高い買い物をするだけでなく、そこに住むこともできるほどの高収入を得ているような人たちである（だからすでに「ヒルズ族」という言葉さえ生まれている）。

つのだは、まさにこのようなライフスタイル産業に占有された「クールさ」に、堪えられなくなったように見える。彼の個人営業による音楽スタジオ Wild Music School の謳い文句によると、彼は反抗の姿勢をさらに続けていきたいとしている。いわく、「ワイルドミュージックスクールは「誰でも」「何でも」をモットーにしたバリアフリーなスクールです」。彼の教えを請う者の条件は、強い意志をもって困難に打ち克つ用意があることとされている。つのだ自身は、おもちゃを買うお金もないほど貧しい家庭に育ち、一緒に歌うことだけが唯一の楽しみだったと言う。そしてそこから音楽の世界に入ったが、それはさまざまな困難がありながらも、一度も迷うことのない道だったとも言っている。最近の若者は、そんなことは意味がないと言われると、すぐやめてしまうが、彼の音楽学校はそういう世の中の風潮に抗するものだというわけである。そして、彼としては、そういう若者たちに自分の専門の音楽だけでなく、お金を払ってくれる両親への感謝の気持ちをも、もつようにさせたいとも言っている。学歴社会の冷徹な金儲け主義に対するつのだの批判は、次のような言葉からもうかがわれよう。

> 育てたいというよりも、育つようにしてあげたい。育つのは本人です。金銭目的の人間が運営している学校に入った若者が見捨てられていくのが許せない。世話になった師匠や仲間たちへの恩返しのつもりで運営しています。感謝の気持ちは僕の原動力になっています。その思いを次世代にも受け継ぎたいと思っているのです（『産経新聞』2007.9.16）。

ここで、靖国神社が問題となってくる。彼は小林よしのりとの出会いをきっかけにして、日本や祖先に対する敬愛の情を広めることができたと述べているからである。

小林氏の『戦争論』を始めとする著作群は簡単に言うと大天使ガブリエルが吹く角笛、戦闘開始の合図、警鐘、そんなものではなかろうかと僕には感じられる（『わしズム』vol. 8, 2003. 9: 47）。

二〇〇二年からつのだは、毎年自分の教え子たちと一緒に御霊祭りに参加し、奉納コンサートを行っている。二〇〇七年には、彼のグループは『和魂洋才』というタイトルのついた新曲アルバムを出しているが、この中には「ありがとう」という歌も入れられている。この音楽的にクールなポップと大仰なテクストとのミックスをキッチュと見るかどうかは、さしあたり好みの問題になるが、これが靖国神社で演奏されたことによって、それは一挙に、日本の帝国主義的植民地戦争賛美という政治的意味を帯びることになった。神風特攻隊員を含む、未来のために命を捧げたすべての先祖に感謝するという主張は、このようなかたちで、日本の戦後における高度成長を犠牲死や英雄死と直接結びつける、新旧のナショナリストの中に復活しているのである。

しかも、この場所ではあらゆる「ありがとう」が「靖国の論理」（高橋 2005）に取り込まれる。この神社では、先祖とは、アジア近隣の人々に何百万もの死と苦悩を与えた日本軍に所属する軍人およびその関係者を意味せざるをえないのだが、その死が英雄視されるわけである。ここに見られるのは、当事者たちの私的な哀悼と、国民国家の名のもとでの公的な賛美の結合にほかならない（同書：207）。「奉納コンサート」という表現がはっきり示しているように、つのだは自分たちのパフォーマンスがこうした宗教的、政治的性格をもっていることを自覚している。

靖国神社とつのだの「Wild Music School」とのつながりは、他にもまだある。二〇〇五年八月一五日の終戦六〇周年記念に際して、靖国神社崇敬奉賛会の主催で「ＮＩＰＰ０Ｎのうた」と題するコンテストが行われた。このコンテストを勝ち抜いたのは、英霊来世というラップ（ヒップ・ホップ）グループで、まもなく彼らの作った歌をまとめたＣＤがリリースされ、遊就館〔靖国神社宝物館〕の売店でも買うことができるようになった。そこで次に、このグループに即して、靖国ディスコースの第三の流れについて述べておきたい。

このバンド英霊来世AreiRaiseはつのだによって作られ、またネーミングも彼による。彼はこの「英霊来世」というネーミングで、英霊を想い出し、その遺志を受け継ぎ、それを新しい世代（来世）に渡そうという要求をひとつに結びつけた。メンバーの中の団塊ジュニア世代に属する若者たちは、明らかにそのことに使命を感じている。というのも、彼らの最初のアルバムも「矜持」というタイトルになっており、そのデビューからちょうど二年後に――またしても八月一五日だが――リリースされているからである。

このカバーにはこう記されている。「僕たちは、右でも左でもない。ただ日本が好きなだけ」と。私の理解では、このメッセージの意味には、ひとつに、無名で自分たち独自の「プログラム」を持たない音楽バンドが、さまざまな「外」からの、つまりメディアによるレッテル貼りに対して、反応しなければならなかったことがあると思われる。じじつ彼らは、デビュー後まもなく、こうしたレッテル貼りと対決しなければならなかった。もうひとつの意味は、彼らがそこで演戯《アクション》をしているということである。どういうことかというと、彼らは自分たちの歴史を創って(2)、そのイメージの分配《アトリビューション》を楽しんでみたり、先に紹介したような、言葉は同じでも、それぞれ明確な違いをもった左右二つの流れに対して距離を測りながら、自分たちの立場を決めたりしているのである。

これから、そのような彼らの「演戯」上の役割分担の例を二つあげて、そこから最後の問題点に入っていきたい。英霊来世の「僕たちは、右でも左でもない」という言葉と、「超左翼マガジン」を謳い文句に最近創刊された雑誌『ロスジェネ』〔第八章〕の狙いとの間には、何らかの深いつながりがあるのではないか。もしそうであれば、それはどのようにして可能だったのか。

二〇〇七年五月以来、英霊来世は公の場では「改憲派ラップ」と呼ばれている。この彼らのアイデンティティを決定することになったネーミングは、TBSの番組NEWS23の特集「憲法はどこへ?」がもとになっている(同年五月二日放送)。彼らをこの番組に呼んだのは、亡くなったジャーナリストで同番組のキャスターであった筑紫哲也だが、彼から見れば、靖国での活動からして、明らかにこのグループは憲法改正派であった。時流に合わせて、ポップの要素をまじえながら、若者たちの関心を引きつけようと、筑紫はこの「英霊来世」と「護憲派ナニワおばちゃん漫才」の両方を番組に呼んだ。音楽と言葉で互いに競わせるつもりだったのだろうが、これは残念ながらまったくの失敗に終わってしまった。英霊来世には、そのような靖国=改憲というつながりは意外だったらしく、当初はそうした位置づけを拒否していたからである。


まず言っておきたいのは僕たちは、改憲派ラッパー集団ではありません。ということ。

今回の曲は全てTBS側からの発注です。

この企画用に急遽書き下ろしたものです。

今製作中のアルバムに完全版を入れる可能性もありますが、
普段から改憲の歌ばかりを歌っている訳ではありません。

（英霊来世 -AreiRaise- ブログ　23を終えて 2007.5.4）

ところが、まもなくして彼らが次にメディアに登場したとき、事情が一変する。こちらは保守右翼のインターネット・テレビ局「日本文化チャンネル桜」である。この放送局は通称「チャンネル桜」と呼ばれ、二〇〇四年に水島総によって立ち上げられたものだが、この水島は映画『南京の真実』（チャンネル桜製作）の監督として、南京虐殺を否定している人物である。ここで、ラッパー・グループは先にも名前をあげた高森明勅と「ＴＢＳ事件」について、二十分ほど対談している（2007.5.9）。高森は、「強く、誇り高く、美しい日本」を吹聴するチャンネル桜の顔役だが、彼は招かれた二人のラッパーたちに、ＴＢＳの番組が（左翼による）「演出」であることを暴露しようと、暗示をかけるようにして何度も番組の態度について質問する。そうすると、ラッパーたちも最後には、自分たちの番組への登場は、護憲派に対する「勝利」だったと述べて、明確に「改憲派」イメージを表に出しているのだが、この時には、あのブログにあったようなアイロニーは、まったく消えうせている。

いま述べたような出来事が私の関心を引くのは、これによって、左右のさまざまな政治勢力がポピュラー・カルチャーのレパートリーの中に、明確なナショナリズムの要素を見つけ出す、そのメカニズムが明らかになると思うからである。この要素は、初めから「右」か「左」かではなくて、「ナショナル・ポピュラー」の左右の演じ方は、その一定の政治的立場と結びつく分節化のプロセスにおいて、初めて出てくるのである。英霊来世で言えば、つのだの庇護下にあった誕生時には、少なくともまだ「ポップ・ナショナリズム」の域にとどまっていた。

阪元留美は、このポップ・ナショナリズムをこう見ている。

> それは普通の人々が、特別に反省することもなく、モードや娯楽に対するのと同じように、国家的でナショナルな映像やシンボルとかかわるあり方で、「私は日本人だから日本が好き」というように、歴史や政治とは無関係に、何らの知的、倫理的、批判的な判断もしない（Sakamoto 2008: 2）。

しかし、改憲か護憲かという憲法論議については、こうしたポップ・ナショナリズムはつねに政治的な力関係に左右される。英霊来世の場合、憲法問題に関しては明らかに、ネオ・リベラルでネオ・ナショナリズムの勢力と結びつき、「クール」をめぐって解釈のヘゲモニー争いをしている一方の側のディスコースに大きな貢献をしているのである。

三　新旧の役割配置

いま引用した論文の中で、阪元はこの「ポップ・ナショナリズム」に、さらに別の観点をつけ加えているのだが、これがもうひとつの役割配置《キャスティング》の問題と重なる。彼女は、このようなナショナルな誇り（彼らの言葉で言えば「矜持」）に対する憧れは、先進資本主義の消費社会の中で、アイデンティティが失われてしまったことの裏面だと言う。さらに、このシミュラークルとして空無化したシンボルの「国民国家の消費」は、一九八〇年代に始まった管理社会と九〇年代以降のポスト・バブル社会がもたらした社会不安を補うものであり、都市の生活空間の中で、アトム化された諸個人の想像上の絆を結ぶ可能性を提供していると言う。

この社会不安は、このところ「ひきこもり」「フリーター」「ニート」「格差社会」といった言葉で、たびたび言及されている通りである。英霊来世のメンバーたちも、メディアではフリーターという身分に入れられていたが、三浦展のベストセラーが出てからは、「下流社会」に属することになるのだろうか（三浦2005参照）。皮肉なことに、まさにこうした負け組グループの中から、その困苦な事情にもかかわらず、というかそれゆえにというべきか、多くの若者たちが開けっぴろげに愛国心や軍国心を口にし、靖国神社に接近しているようである。こうした位置づけに対しては、英霊来世も含めて、当事者の多くがそのブログで反論しているのだが、このような社会的コンテクストの中で――彼らの師匠つのだとまったく同じように見えながら――じつは互いに異なった世代に属する二つのグループの重要な違いが明らかになる。

すでに述べたように、つのだは団塊の世代に属し、この世代は同質的な（というか、平等が生活に広く行きわたった）自称中産階級社会と結びつけてイメージされるが、つのだはこれに懐疑的な態度をとりながらも、やはりその世代に属していて、その影響を受けているように見える。それは彼の次のような発言からもわかる。たとえば、汚職、金銭万能、不公平、青年犯罪、外国人犯罪、不道徳といったものが現在の社会を支配しているのは、自分のような「普通の人間たち」がそれに口をつぐんで迎合しているせいである、というような発言である（『わしズム』vol. 8, 2003. 9参照）。こうした批判を通して、つのだは、社会が裕福になるにつれて、とくにバブル期以来、かつての価値が通用しなくなってしまったというノスタルジックな嘆きに同調する。

　これに対して、英霊来世の方は一九七〇年代生まれの団塊ジュニア世代に属している。この世代は裕福と消費の社会の真っただなかに生まれ落ち、「現在中心主義、自己中心主義を特徴とし、出世や経済的競争や成長といったものに無関心」とされるが、それはまさに、先のつのだの批判の標的となる。

　しかし、彼らはしだいにこの批判を不当と思うようになる。ひとつには、彼らが自分たちの経歴に関して、裕福や消費と並行して社会的な多様化が進んでいると気づいていることがある。これは最近、公共のディスコースの中でようやく、社会的不平等というかたちで取り上げられている現象である。

　もうひとつは、一九九〇年代の構造危機に伴って、とくに彼らのような存在にとって、これまでの昇進やキャリアの道が限られて、お前たちは何事にも無関心だという批判が、多くの若者には皮肉にしか聞こえなくなっていることがある。だから、彼らが自分の一生のチャンスやその意味を探し、また自分たちを取り巻く社会について自分なりの意見や判断を探し求めながら、シニシズムに傾いていくのも不思議ではない（北田2005参照）。同じように、彼らがこれまでタブー視され、激しい論争の的となっていたテーマを、挑発的で、しかもあまり綿密ではないやり方で表現するのも不思議はないのである。

　たとえば、英霊来世の「矜持」という曲には、「日本」「原子爆弾」「犠牲者」「大東亜の聖戦」「美しい日本」といった刺激的な言葉が出てくるが、これらの言葉はこれまで右か左かの政治勢力から明確な意味を与えられていた。しかし、ヒップ・ホップという音楽形式、そのスタッカートを使った挑発的なまでの羅列、その絶え間ない繰り返しによって、それらの言葉はその明確な意味と深刻さを失ってしまうのではないだろうか。また、ラッパーたちに何らかの政治的アイデンティティを認めようとするなら、これらのテクストやメディア美学の分析に加えて、彼らの装備一式《アウトフィット》も考慮に入れなければならないだろう。マスメディアがこのバンドを、フリーターや格差社会といったレッテルと結びつけたとき、彼らは自分たちのブログの中で、ほとんどディコース分析まがいのやり方で、こう述べている。


なんと今回の「憲法について」の放送は中止になったと！

そしてサイトウさんには俺とは別に「格差社会について」の取材が申し込まれていたんです!!!

格差社会の底辺代表・フリーターの一人としてサイトウさんを録る気なんですかと。

前回のＮＥＷＳ23の放送や、先日受けた読売新聞関西版の取材の時と同じニオイがした。

「ポストバブルのニート・フリーター↓愛国心↓改憲↓軍国主義↓靖国」というラインを作ろうとしているとしか思えない。

そして俺にソレを教えないのはやはり「かってに続編を作りたい」からとしか思えない!!!

ケチョンケチョンにしたあげく結びつけて最後に「アブナイ靖国神社」かー!?

（英霊来世 -AreiRaise- ブログ　前夜②2007.5.1）


「僕たちは、右でも左でもない」。このような文句にもかかわらず、英霊来世が自分たちの参加するメディアや政治のコンテクストを通して、右側のディスコースを補強しようとしていることを、われわれは見てきた。そのディスコースとは、ポップカルチャーを使って、ネオ・リベラルでネオ・ナショナルな目標を流布し、それを「普通」なものとして日常生活の中に根づかせようという、ヘゲモニー掌握のためのディスコースにほかならない。

にもかかわらず、この〔英霊来世の〕「僕たちは、右でも左でもない」と、「超左翼マガジン」であろうとする『ロスジェネ』の願望との関係は、あらためて問題にされる必要がある。『ロスジェネ』創刊号（二〇〇八年）の特集テーマは、「右と左は手を結べるか」というものだった。これは、左翼系ジャーナリストの浅尾大輔と赤木智弘という、英霊来世と同じように団塊ジュニア世代に属する二人による対談で始まっている。赤木は、この間『論座』（二〇〇七年一月号）に発表した「「丸山眞男」をひっぱたきたい　31歳フリーター。希望は、戦争」という挑発的な論文で話題になった人物で、とくに次のような発言は注目に値する。

現状のまま生き続けたとしても、老いた親が病気などによって働けなくなってしまえば、私は経済基盤を失うのだから、首を吊るしかなくなる。その時に、社会の誰も、私に対して同情などしてくれないだろう。「自己責任」「負け犬」というレッテルを張られながら、無念のままに死ぬことになる。しかし、「お国の為に」と戦地で戦ったのならば、運悪く死んだとしても、他の兵士たちとともに靖国なり、慰霊所なりに奉られ、英霊として尊敬される。同じ「死」という結果であっても、経済弱者として惨めに死ぬよりも、お国の為に戦って死ぬほうが、よほど自尊心を満足させてくれる（赤木 2007: 210）。

萱野稔人は、このようなタイプのナショナリズムに理解を示す（萱野 2007）。ナショナリズムは、初めから理想としての、しかし限られた平等と結びついている。だから、社会的な不平等が進む時代に「特権を持たない人々」、とくにその職業分野で社会的な承認を得られないフリーターなどが、たとえばナショナリスティクなアイデンティティを提供する場に、その承認を求めるのは不思議ではないと言う。萱野が（彼も団塊ジュニアなのだが）、正当にも指摘しているのは、脱アイデンティティをめぐる従来の左翼論議やアカデミズムのディスコースが、もはや赤木や英霊来世のような人たちにとって有効ではないことである。だから最後には、萱野自身も「フリーター・ナショナリズム」に反抗の可能性を認めて、こう言う。

『超左翼マガジン　ロスジェネ』創刊号表紙（かもがわ出版 2008）

> 実際、少なくとも国内的なレベルに限って言えば、「ひとびとが等しく承認しあえる共同体を復興させろ」というナショナリズムの要求のほうが、格差社会にうまく対抗できるかもしれません（同：61）。

こういう論理は、正直なところ、私には耐え難いものに映る。最初に触れた修正主義の雑誌『ワンダーランド・ヤスクニ』と同じように、たとえ間接的で別の政治的動機であっても、ここでもまた、この神社が反抗と結びつけられているからである。しばしば好戦的で、怒りにかられた「ロスト・ジェネレーション」の言葉を、新しい自尊心の探求として真摯に受けとめようという萱野の関心事は重要で共感を呼ぶ。しかし、われわれはナショナリズムを離れ、左右のポピュリズムに陥ることもない表現を見つけ出していく努力を、最後まで放棄してはならないのではないだろうか。

注

（1）新しい教育基本法〔二〇〇六年改正〕の中の愛国心と道徳心の考えを参照。

（2）先に述べた雑誌『八・一五と靖国の真実』（西村編 2008）の中で、バンドのメンバーである斉藤〝七生報国〟俊介によって語られている。

参考文献

赤木智弘 2007『若者を見殺しにする国――私を戦争に向かわせるものは何か』双風舎

赤木智弘・浅尾大輔 2008「対談　ぼくらの希望は「戦争」か「連帯」か」『ロスジェネ　超左翼マガジン』創刊号　かもがわ出版

英霊来世 -AreiRaise- ブログ 2007.5.1　前夜②　http://blog.areiraise.com/?day=20070501

英霊来世 -AreiRaise- ブログ 2007.5.4　23を終えて　http://blog.areiraise.com/?day=20070504

萱野稔人 2007「「承認格差」を生きる若者たち。なぜ年長世代と話がつうじないのか」『論座』7月号

北田暁大 2005『嗤う日本の「ナショナリズム」』ＮＨＫブックス

三浦展 2005『下流社会――新たな階層集団の出現』光文社新書

中島岳志 2007「思想と物語を失った保守と左翼―「改憲萌え」「靖国萌え」…断片的熱狂を超えよ」『論座』7月号

西村幸祐編 2008『八・一五と靖国の真実』撃論ムック・シリーズ　オークラ出版

Richter, Steffi 2008 "J-Culture. Zwischen beautiful Japan und cool Japan," In: Steffi Richter und Jaqueline Berndt (Hrsg.), *J-Culture. Japan-Lesebuch IV*, Tübingen: konkursbuch Verlag Claudia Gehrke, 110-138.

Sakamoto, Rumi（阪元留美）2008 ""Will You Go to War? Or Will You Stop being Japanese?": Nationalism and History in Kobayashi Yoshinori's Sensoron," *The Asia-Pacific Journal: Japan Focus* 6(1) January 1. https://apjjf.org/-RumiSAKAMOTO/2632/article.html

高橋哲哉 2005『靖国問題』ちくま新書

坪井秀人・藤木秀朗編 2010『イメージとしての戦後』青弓社

つのだ☆ひろ 1998『パパはソウルマン』プランニングハウス

つのだ☆ひろ 2003「日本国民は自国を精一杯美化しても恥じることはない」小林よしのり責任編集『わしズム』vol. 8 幻冬舎

Weiner, Joachim 2008 Leitbilder der Gesellschaft. Coolness. http:www.dradio.de/dlf/sendungen/essayunddiskurs/716763/ (access 17.02.2009).

Yoda, Tomiko（依田富子）2001 "A Roadmap to Millennial Japan," In: Tomiko Yoda & Harry Harootunian (eds.) *Millennial Japan: Rethinking the Nation in the Age of Recession, The South Atlantic Quarterly*, Fall 2000, 99/4, Durham, London: Duke University Press, 629-668.

第七章　フクシマその後——新たな批判的知識の「場」とプラクティークを求めて

一　原発労働への眼

吉見俊哉は『夢の原子力』でこう述べている。

東日本大震災と原発事故の深刻化は、このように長らく自明化されてきた戦後日本の総体を、もう一度根底から問い直す契機である（吉見 2012: 46. 強調は筆者）。

問い直す・読み直す・書き直す——このような努力、このように歴史をとらえ直そうという要請は、基本的に異論を唱えることはできない。私も3・11のカタストロフィ以後、さまざまな講演や書き物の中で、フクシマとは、それをもとにして何か催しを「おこなう」ような、たんなる「テーマ」にとどまらないと繰り返し強調してきた(1)。むしろこの出来事は、ある芸術家の言葉を借りて言えば、「自分と他人の仕事の見方を変えてしまった」(イケムラレイコ)。同じように私もこれまで自分が知っていたと思っていたことを、今では違った風に見るようになっている。だが、問題は、そもそも多くのことを初めて「見る」ということなのだ。

この一般的なメッセージを明らかにするために、まず簡単に、3・11の直後にライプツィヒとフランクフルトの日本学科の学生たちと始めた「Textinitiative Fukushima」というプロジェクト（以下、フクシマ・プロジェクト）を紹介しておこう。この翻訳プロジェクトのきっかけとなったのは、自分たちの側に何かが欠けているという自覚であった。ひとつは、東北ないし福島で何が起きたのか、またこれから何が起こるのかについての情報不足である。もうひとつは、第三の破局、つまり福島第一原発での事故のコンテクスト、その規模や考えられる帰結についての知識不足である。

もちろんわれわれは、地震と津波による多くの犠牲者についても驚き、ショックを受けた。しかし、二〇一一年三月一七日のWDR（西部ドイツ放送局）のレポートを聴いたとき、私は研究者として非常ないらだちを感じるとともに、挑戦的な気持ちにもなった。この同じ日に、片や、言うところの「フクシマ50」が世界中の報道を駆けめぐり、片や、いま言った西部ドイツ放送局のテレビ報道が「福島原発では、危険な作業に使い捨て作業員を動員している。しかも、それはホームレス、外国人労働者、未成年者からなる」という、まったく反対の事実を伝えていたからである。

一方では「ヒーロー」という言い方が直ちに、メディアによる幻想としての日本人論を花盛りにし、フクシマ50は第二次大戦末期の神風特攻隊や赤穂浪士にも譬えられた。他方では「使い捨て労働者」という言葉が、ドイツの日本学者たちを憤慨させた。そのような労働者が福島〔第一原発〕に動員されるなど、ありえないという憤慨である。これは、ある時点までそうだったかもしれない。しかし、何という言葉だろう。どこからこのような言葉が出てきたのだろう。そもそも「使い捨て労働者」とは、いったいどういう存在を言うのだろう。

リサーチを開始すると、私にはこれまで自分の視野からまったく外れていた世界が開けてきた。その世界についてはドイツ語でも英語でも、そして日本語で書かれた学術文献にも、見出すことができなかった。それはいわゆる「原子力の平和利用」というコンテクストの中におかれた、きわめて具体的な労働の世界である。この衝撃的な問題に立ち入って述べる前に、少しだけ私たちのフクシマ・プロジェクトに戻って述べておく。

ちょうど震災直後の夏学期が始まったとき、私は日本語のできる何人かの学生たちに呼びかけて「原発震災／フクシマ」という特別ゼミを始めた。私たちは、インターネットの記事を使って一連の出来事についてディスカッションをしようとしたのだが、同時に私たちを含め、原子力や原発に関心をもっているドイツ語圏の人々のために、まだあまり知られていない分野のテクストを翻訳し始めた。日本語インターネットの中にある独立メディア（ネット・メディア）で私たちが見つけたのは、ドイツではわずかしか、あるいはまったく知られていない名前や組織であった。たとえば、小出裕章、広瀬隆、高木仁三郎、平井憲夫、石橋克彦といった人たちである。彼らは御用学者ではなく、原子力資料情報室（CNIC、一九七五年設立の専門機関、NPO）とも深いつながりがあって、以前から存在していた著名な研究家でありながら、マージナルに扱われてきた反原発運動の活動家たちである。さらに出会った名前をあげておくと、鎌仲ひとみ、樋口健二、忌野清志郎、またその関係で坂本龍一（有名な音楽家であることは知っていたが、原発反対では知らなかった）、岩上安身と彼の Independent Web Journal（ＩＷＪ）や白石草と OurPlanet-TV.org（ＯＰＴＶ）などである。私たちはまた、すでに一九七九年に出版された著書『原発ジプシー』を通して、堀江邦夫にも出会った。さらに広がる反原発・脱原発運動を追っていくなかで、以前におこなったゼミで、反貧困・プレカリアート運動（訳注1）に関連して知った人々や批判的知識人、文学者に再会することにもなった。具体的には、素人の乱の松本哉、雨宮処凛、平井玄、湯浅誠、森達也、毛利嘉孝といった人たちで、反原発と反貧困の二つの運動は、いまや密接なつながりをもっていることを知った。

他にもまだ、よく知られていながら、私のおかれているアカデミズムの世界ではこれまで「盲点」ないし「未知」であった、多くの名前や現象をあげることができるが、とにかく、私たちはこうした人たちのテクストを翻訳し、日本の現況についての独自の情報ともども、ウェブサイト「Textinitiative Fukushima」に掲載している。こうしたやり方を通して私たちに明らかになったのは、ドイツ語圏の日本学においても、また大学外の一般の人々においても、戦後から今日に至る日本の核の状況に関して、いかに情報や知識が不足しているかということである。この不足を可視化し、意識化するだけでなく、新しい情報や知見を交換し合いながらその不足を継続的に補っていくこと、それが私たちの使命だと考えている。

この使命には、啓蒙的なアスペクトもあるし、学術研究のアスペクトや政治的なアスペクトもある。

まず第一に、これまで研究者、美術家、映画製作者、政治家、ポピュラー・カルチャーの批評家といった人たちのプロテストの声は、日本にはなかったと言われてきたが、そういう声が聞き届けられるようにする必要がある。第二には、研究者仲間の間でも相変わらず根強く広がっている「均一な中産階級社会」日本というイメージを解体し、多様な社会的、政治的アクターをはっきり可視化する必要がある。しかしそれとともに、そうしたアクターがなぜ、どのようにして、マージナルなところに追いやられたのか、をも問う必要がある。そしてこのような「内輪の公共性」(三島憲一)はどのように生じたのか。これは市民社会とも密接につながる問題である。第三として、次のような問題領域を表面化させることが必要となる。すなわち一九五〇年代以降、エネルギーの生産と供給の原子力化(核開発)を抱えるあらゆる近代社会が機能するために重要な領域である。

そのような問題領域のひとつが、「使い捨て労働者」ないし、一般的に言えば、原発労働(者)という領域である。この間、核エネルギーと消費文化との関連について、一連の重要な論考が出版されている。その場合、僻地の貧しい地域の原発で生産された電力が都市で消費されるというように、一般的な問題にされてはいるものの、このような現代的な賃労働を具体的に扱っているのは、ごくわずかの散発的な研究しかない。たとえば、フランスの社会学者アニー・テボウ＝モニイの『核の奴隷』(Thébaud-mony 2011)とか、雑誌『寄せ場』(日本寄せ場学会年報)に載っているわずかの記事、たとえば第25号の特集「原発と寄せ場」などだが、いったいこれはどういうことなのだろうか。

このように資料が乏しいにもかかわらず、これもまた、原発労働という問題領域にとって重要なテーマであるのは明らかである。このことは、他の学術研究上、陽の目を見ない問題領域にも当てはまるが、今日では一度これを問題として見つけ出すと、ネット・メディアをソースにして、リンクからリンクへと、ハイパーテクストを通してすばやく膨大な情報が得られる。試みに、インターネットで「使い捨て作業員」「原発労働（者）」「原発ジプシー」「被ばく労働（者）」といったキーワードを打ち込んで検索してみると、次のようなテクスト群の中で、このテーマが扱われていることがわかる。

（1）ルポルタージュでは、堀江邦夫、ギュンター・ヴァルラフ Günter Wallraff, それにオルターナティヴなインターネット新聞『JanJan』からニュースを流している川上武志のような人物にぶつかる（訳注2）。

（2）ドキュメント映画や写真では、樋口健二の名前があがってくるし、統計や新聞記事ではこれらのテーマは一九七〇年代末以降まばらだったのが、3・11以降になると急激に増えていることがわかる。

（3）文学では、二〇一〇年に出版されたエリザベート・フィロルの小説『センター La Centrale』が出てくるが、これはドイツでは二〇一一年に『原子炉 Der Reaktor』という題で出版された（Filhol 2011）。

（4）ポップカルチャーでいうと、まずマンガでは、妖怪漫画で有名な、水木しげるである。彼は堀江邦夫の『原発ジプシー』（一九七九年）に描かれた妖怪じみた仕事を、『パイプの森の放浪者』という作品で表現している。この作品は、一九七九年一〇月二六日号・一一月二日号の『アサヒグラフ』に連載されている。その二年後の一九八一年には、加藤登紀子がシングル盤の「原発ジプシー」をリリースしているが、これは彼女の「チェルノブイリ」（一九九三年）という歌と合わせて、YouTube で聴くことができる。この二曲はいろいろなブログで話題になっているが、ついでにつけ加えておくなら、関西電力のキャンペーンに使われた、中島みゆきの「糸」という歌も聴くことができる。

このように列挙していくと限りがないが、これらを通してひとつ気がつくのは、この膨大な数の資料が、特定のジャンルや分野の枠を越え出ていることである。

二つめにはっきりしているのは、このハイパーテクストが原発を越えて、同じように生命を脅かすほどの汚染にさらされた仕事がおこなわれている別の場所にも通じていることである。たとえば、核燃料ウランを得るために必要な原料を採掘している場所など。そのようにして、私たちはこの間、ドイツや日本の原発に使われるウランが、どこから来ているかも知った。

それはおもに、オーストラリアのアボリジニ居住地域、カナダ、カザフスタン、アフリカのナイジェリアやナミビアといった国々である。たとえば、ベルリンの映画監督ヨアヒム・チルナーの『イエロー・ケーキ――クリーンなエネルギーという嘘』（Tschirmer 2010）というドキュメンタリーは、同じようにYouTubeで見ることができ、ダウンロードもできる。この作品はいわゆる「原子力エネルギーの平和利用」なるものが、当初からどれほどグローバルな事業計画であったかを、絶望的なまでに見せてくれる。原発およびそれに関連する労働は、中心と周縁の不均等を再生産しているが、それは国と国のナショナルなレベルだけではない。それは、古典的なコロニアルな関係とリンクしながら、新しい植民地主義の従属関係を永続化するという意味で、初めからトランスナショナルな現象なのである。だから「被ばく者」もたんに日本だけの問題ではなくて、トランスナショナルな問題となる。チルナーは正当にも、こう言っている。

核の連鎖関係の始まりはテラ・インコグニタ、つまり未知の国に似ている。ウラン鉱石の採掘所の上にはこの六五年間、機密と偽装の網がかけられている。チェルノブイリとフクシマの後も、ウラン採掘所の壊滅的な結果は、ほとんど問題にされていない（Tschirner 2010）。

こうした膨大な、バラバラなようで、どこかでつながっているネットの記事を収集しながら、私には――もちろんフクシマ・プロジェクトのメンバーもだが――次のような疑問が湧いてきた。どうしたら、この溢れる情報の洪水に水路をつけ、それを新しい知識と結びつけることができるのか。言い換えると、どのようにこのカオスを整理し、意味あるものにすることができるのか。そしてさらなる疑問としては、私たちは、私個人も含めて、この新しい知識とともに、いったい何をしたらいいのか。そんな疑問が湧いてきたのである。

二　原子力帝国

次に、この二つの疑問について、少し触れてみたい。むろんこれらは、すぐに答えを出せる問題ではない。むしろ、これらの疑問は一種の「思考ラボ」、つまり私自身が〔3・11以後の〕この二年間、批判的知識の新しい形態や実践を模索している場を反省させてくれる。

まず最初の疑問、すなわち多様な資料を整理する、出発点となる問題である。この点では、ロベルト・ユンクの『原子力帝国 Der Atomstaat』というテクストが一九七〇年代の終わりに出て、その後もアクチュアリティを失っておらず、大いに助けとなった。

この本では、具体的で現実に存在する国家のことは書かれていない。むしろユンクは、原発に巻き込まれた地域の場所や機関を例にとって、そこから「原子力帝国」の理想型《イデアール・テュプス》とでも言えるような、基本特徴を抽出する。その基本特徴は、それぞれの特異性を示しつつも、核開発を進めてきたすべての近代国家に見出すことができる。ユンクはこの基本特徴を、全部で七章に分けて論じているが、彼はたんに、冷静で純粋に学問的な関心をもった分析家にとどまってはいない。むしろ彼はジャーナリストとして、この本を「不安と怒りで書いた」と言っている。「問題の拡大を阻止〔する〕、〔つまり〕冷静ではあるが間違った計算が引き起こした事情を阻止するためには、感情の力がくわわなければならない状況というものがあるのだ」(同書邦訳:13)。

このユンクの「不安と怒り」は、国家の要請がなかったら、経済効果を謳う原発などというものはけっして存在しえなかった、それは建設されることもなかった、という認識から来ている。核エネルギー開発においては、国家と経済、そして学問が、ただ一つの集中管理されたマシーンへと融合し、民主主義は空洞化され、「外」に向かって「原子力帝国主義」の成長が押し進められるのである(同書:27)。

冒頭の第一章「放射線の餌食」で、ユンクは原発労働の問題を取り上げている。フランスの再処理工場ラ・アーグを例にとりながら、その仕事内容に目が向けられている。

これまでにない恐ろしい労働環境を垣間見ることができた。ここでは、健康ばかりか、言葉や自己決定の権利も奪われている。彼らは自分たちのことを――「砲撃の餌食」という言葉をもじって――「放射線の餌食」と呼んでいる（同書：31）。

フクシマの事故で、日本でもこうしたタイプの労働および労働者が、はっきりと見えてきた。「原発ジプシー」とか「原発ノマド」と呼ばれる人々である。彼らがいなかったら、世界中どこでも原発は一基たりとも機能しないことだろう。〔二〇一一年に出版されたブックレット『原発事故と被曝労働』の中で〕全国労働安全センター連絡会議の西野方庸は、「二〇〇九年度中に日本全国の原子力施設、五十いくつかある原発や核燃料工場などの原子力施設全体で働いていた人数は七万五九八八人」になると報告しているが、このうちの約一万人が正社員、その他はいわゆる正規雇用ではない人たちである。二〇〇八年の統計では「非正規雇用」の被曝労働者の数は、正社員の八倍となっている。したがって、核エネルギーは「クリーン」でも「安全」でもないだけでなく、そのあり方からして差別なのだ。なぜなら、学歴があって、社会的にも経済的にも恵まれ、その分「値段の高い」正社員たちをできるだけ被曝させないように、また彼らの労働力をできるだけ長持ちさせるために、こうした〔非正規雇用の〕労働者たちが起用されているからである。

このような原発労働者の差別的な二極構造は、けっして日本だけの現象ではない。「ドイツの原発における正規および派遣労働」に関する「左派党議員からのささやかな質問」に対する回答の中で、連邦政府は、二〇〇九年の時点では、一七の軽水炉で管理下にある外部雇い（派遣労働者）が二万四三四六人であるのに対して、正社員は五八九二人であると答えている。つまりここでも「外部雇い」の被曝が「正社員」よりはるかに高いことになる。フランスでは約三万人の「代理労働者 intérimaires」があげられる。先に触れた社会学者のテボウ=モニによれば、この人たちが合計五八の原子炉から出る放射線量の八〇%を被っているという。

さらに例をあげてみると、歴史家のシュテファン・グートが最近あるシンポジウムで、一九六三年カザフスタンに建設された、ソヴィエトのレトルト実験都市シェフチェンコ（現アクタウ）を紹介している。アメリカとソ連の核武装競争が始まった一九五六年のソ連共産党第二〇回党大会の決議で、宇宙空間、周辺地域、砂漠へというように、原子力を動力源とする共産主義が、空間的にも広げられるべきだとされた。この「原子力オアシス」の特権的な住人たちは、〔一九七三年に発電を開始したアクタウ原発の〕工業用の高速増殖炉からエネルギーを供給されていた。同時にこの町はウラン鉱山の近くに位置し、その鉱山でも強制労働に従事する人々が駆り出されていた。「四〇年代から五〇年代にかけての原子力の研究や生産のための全施設網は、収容所労働を強いられた人々によって造られたのである」(Stettner 1996: 316-317)。

原子力産業の中で被曝の大部分を押しつけられる、出向ないし派遣労働者に対する構造的な差別は、「通常時」ならばスキャンダルとなる。しかし、一九八六年のチェルノブイリや今回の「福島第一」のような破局的な事故では、そのような労働の強制的性格が、考えられないほどの規模になる。考えられないというのは、東電の場合には、原発の担当責任者からも、またそこで仕事をして箝口令が敷かれたままになっている人たちからも、ほとんど「現場」の状況が入ってこないからである。

チェルノブイリの場合、事故後、施設やその周囲の片づけと清掃の作業を自発的あるいは強制的に手伝った兵士および民間人は、通称「Liquidatoren（清算する人々、リクビダートル）」と呼ばれ、六十万人から八十万人が動員されている。二〇〇六年の核戦争防止国際医師会議（IPPNW）ドイツ支部の報告によれば、これに駆り出された人々の約九〇％が病気で労働不能になり、二〇〇六年までに五万人から十万人が亡くなっているという。これに対立しているのが、同じく世界保健機構（WHO）から支援を受け、原子力産業寄りの国際原子力機関（IAEA）の見積もりで、こちらが国連に提出した二〇〇五年の報告によると、それまでに直接事故の被曝で亡くなったのは五〇人以下で、チェルノブイリで重度の被曝を受けた人々のうち、約四千人が亡くなるかもしれないとされている。

フクシマに関して言うと、先にあげた『原発事故と被曝労働』というブックレットで、「なすび」というペンネームの人物が次のような数字をあげている。

事故後一年半で、すでに約二万人もの労働者がこの収束作業に投入されている。（中略）原子力施設などで放射線業務に従事するために、（一九七七年に設置された）公益財団法人放射線影響協会「放射線従事者中央登録センター」に従事者登録された労働者の数は、原発事故一年前の二〇一〇年三月時点で四五万人に達しており、放射線管理手帳発行の登録は三九万を超えている。（中略）

これだけ多くの労働者が被ばく労働に従事していたにもかかわらず、その労働実態を知るには、七〇年代末に出版されたルポルタージュや、被ばく労働問題を問い続けてきたわずかな方々の情報に頼

らざるを得ないような状況だった。(中略)
このような被ばく労働問題の隠蔽が、原発安全神話を支えてきた一つの柱であったことも疑いない。原発は核燃料だけでなく、労働者を被ばくさせ消費しながら稼動しているという事実は、今後の原発政策を民衆レベルで判断する時に、決して忘れてはいけない問題である(同書:4-5)。

三　原発労働とプレカリアート

右の引用の最後の文章にもう一度目を向けてほしい。なぜならこの文章は、原子力ないし核エネルギーへの批判が、同時に、このエネルギー供給に道を開いた現代の資本主義社会、およびかつての社会主義社会のシステム全体に対する批判となるのではないか、という問いにつながっていくからである。

現代の産業資本主義にとって、決定的な源泉となっているのは、人間労働力と自然の商業化、つまりそれらを商品化することである。自然の場合は、最初に土地が、やがて天然資源がその対象となった。しかし、まさにこの基本的な商品である労働力と自然が、資本主義に限界を設ける。というのも、これらは任意に再生産できるものではないからである。不足した労働力を「魔法で呼び寄せる」ことができないように、過剰な労働力も簡単になくすことができないし、何百万年もかけてできた化石燃料も、使い果たしてしまったら、もはや意のままにならない。そして商品にも武器にもなる原子力エネルギーと切り離して考えることのできない放射線は、まさにこの二つの資源、労働力ポテンシャルとしての人間と、資源ポテンシャルとしての自然を、これまで人類が経験したこともなかったくらい残酷で、かつ治癒不能なまでに破壊してしまうのである。

たとえば、一九九九年、東海村にある核燃料加工会社ＪＣＯの臨界事故で、多量の放射線を浴びた大内久氏の痛ましい治療記録が、それを証言している（ＮＨＫ「東海村臨界事故」取材班『朽ちていった命』2006参照）。八三日以内に、彼の体は考えられないほど無残な形で、徹底的に破壊されていった。同じことの証言となるのは、何十年と住むことができなくなった、プリピャチ／チェルノブイリや双葉町のような土地である。

こうした事態を警告していたのは、ユンクだけではない。他にも哲学者のハンス・ヨナスのような人がいる。ヨナスは一九七九年に出た『責任という原理――科学技術文明のための倫理学の試み』という本の中で、このテクノロジーが未来に向かってもつ、未曾有の長い射程に警告を発し、その「遠方効果の規模とその回帰不可能性」は、ついにはこのテクノロジーを制御不能にし、人々に恐怖と畏怖の念を強要することになるだろう、と述べている（Jonas [1979]1984: 9）。

しかし、もう一度疑問を繰り返すなら、なぜ原発労働という現象について、体系的で学問的な論議が、それほどまでに少ないのか。それは、日ごとに増えるルポルタージュ、当事者の個人的な報告といった、具体的で分散した経験知やその他の資料を理論的かつ方法論的に整理するために、その多くの貴重なパズル・ピースのすべてに分析的にアプローチする必要性を、意味しているのだろうか。あるいは、原子力および原子力に関する労働の政治経済を進めていくような、学問知識が問題なのだろうか。さらにはまた、原発労働にも見られる「出稼ぎ」という現代の労働形態の、たとえば変遷史のようなものを明らかにする必要があるのだろうか。現在のわれわれにとって、なぜそういうことが必要かつ可能であるか、少なくとも一つのはっきりとした理由がある。

それは、われわれの社会が、労働のみならず、生活全体の包括的なプレカリアート化の方向に向かっているからである。言い換えると、いわゆる中産階級社会が「プレカリアート社会」へと転換し、そこでは、プレカリアートがいわゆる社会の「周縁／下層」とか特定の「ゾーン」だけでなく、大半の人々の労働や生活の領域を占めるようになるのである（Marchart 2013）。ここでいう「プレカリアート性 Prekarität」とは、いわゆる新たな資本主義の場において、政治決定や社会的実践のために、社会的にも物質的にも、不安定になることである。たとえば、これは最近の「ウォール街を占拠せよ」（ＯＷＳ）運動の「われわれは九九％だ」というスローガンにも、先鋭なかたちで表現されている。言うまでもなく、この九九％は政治的、経済的に支配権を握っている一％に対抗している。

このことを、原発労働に関するある具体的なエピソードを例に、述べてみたい。これには私も非常に考えさせられた。ある女子学生が話してくれたことだが、彼女の学友の中にも、学費を稼ぐために、原発の派遣労働者、つまり日雇いとして働いたことのある人たちがいるという。原発労働は、ドイツでも他の仕事に比べて良い稼ぎになるからである。しかし、日本でも、大半の原発ジプシーが調達される「寄せ場」の状況が、次第にメインストリーム社会にも浸透しつつあると言うことができる。一例をあげるなら、マンガ喫茶に寝泊まりする人たちが、その良い例であろう。あえてきつい言い方をすれば、これからは私たちのゼミや講義の教室に、原発労働を経験した学生たちが座ることにもなるのではないか。そして、このような長い間「忘れられ」抑圧されてきた、しかし一方で産業社会、懲罰社会にとって不可欠となってきた労働形態は、いわゆる統制社会の無形労働と呼ばれるものと、どのような関係にあるのだろうか。

管理社会、これが原発労働をより大きなコンテクストから考えてみるための、二つめのキーワードである。『原子力帝国』の中でユンクが主題的に述べているひとつは、放射能汚染の危険を伴う原発の巨大技術が、企業と国家の統制メカニズムを巨大化させるということである。それは大企業、大国、巨大科学の連合体によって、技術だけでなく、労働者、情報、さらには社会全体が、その統制下に入ることを意味する。日本における、このような管理社会の発展過程については、すでに政治社会学者の栗原彬などによる研究もあるが、このプロセスはまさに、エネルギー生産の原子力化の最盛期と重なる。戦後日本のこの段階は、これまでとくに「消費社会」「バブル経済」「国際化」などとして想起されてきたのだが、われわれ研究者のそれをも含めた忘却は、管理社会の原型をなす「原子力ムラ」という原子力複合体に対する抑制や無関心の中にも見出せる。

私は先に、データと情報の洪水を、どのようにして新たな知識に整理することができるのかという問いに続いて、もうひとつの問いを予告しておいた。すなわち、われわれはこの新しい知識とともに、いったい何をしたらいいのか、という問いである。言い換えると、それは、われわれは何のために「書き直し、問い直し、読み直し」をするのか、という問いでもある。

補遺　何のための「書き直し、問い直し、読み直し」？

哲学者たちは、世界をさまざまに解釈してきただけである。肝心なのは、それを変革することである。

マルクスはこの有名な「フォイエルバッハに関するテーゼ」の第一一テーゼで、知と実践の問題をテーマにしている。すなわち、私たちの「日本の近現代思想史の書き直し」プロジェクトの基本にもあり、二〇〇八年以来、グローバルな複合危機や震災、原発のカタストロフィによって、とくにアクチュアリティを増した問題である。社会心理学者のハラルド・ヴェルツァーは非常に印象的なやり方で、おそらくわれわれのだれもが、多かれ少なかれ直面しているジレンマを、こう表現している。「なぜわれわれは、これまでのように続けてやっていくことができないのか。また、おそらくやっていかないのだろうか」と。これはカタストロフィの数日後、有名な新聞『FAZ』（フランクフルター・アルゲマイネ・ツァイトゥング）に載った彼の論文「フクシマ後」のサブタイトルである。

ヴェルツァーは、戦後ドイツにおける過去の克服の研究で知られた人物だが、その研究は「ナチの日常と記憶」の関連に焦点を当てるものであった。しかし、ある時から彼は、社会-文化論的な観点から、とくに未来への視点と憂慮から、気候変動という緊急の課題に関心を向けるようになっている。彼は挑発的に「われわれは充分にこの恐ろしい危機のことを知っている」と断言し、知識が足りないのではなく、むしろ問題は、われわれの「一二時五分前」の知識が実践につながらないのはなぜかだとして、続けて、およそこういうことを言っている。

経済成長は、資本主義的な経済原理に本質的に固有なものであり、この二世紀の間にそれに見合った制度的かつ精神的なインフラ、すなわち自己のコンセプトおよびそれに見合った制度的、生世界的なプラクティークを生み出した。したがって、このインフラ自体は、可能な限りの向上をめざして進行する仕事の競争、競合、測定可能性の訓練に向かうよう、条件づけられている。また、われわれが仕事をしている教育制度も、とくにこうした基準に従うような徳目を評価している。だから、「われわれが経験した社会」、いわゆるカーボン社会（エネルギー資源として、化石燃料をベースとする社会）が有限であることを知っていながら、それに対応して行動し、未来に役立つ生活状況、しかも経済成長を聖杯とみなさないようなそれを作り出すことは困難である。

いまや「われわれ」は、チェルノブイリやフクシマからいったい何を学んだのか、と問う必要がある。そして、そのような過去についての知識を、行動様式に転換することこそ肝要である。片方の知識に基づいた態度やものの観方と、もう一方の行動は、互いに結びついているとしても、きわめて不安定なものである。これが啓蒙の意味を込めたヴェルツァーの主張である。

ヴェルツァーがとくに懐疑の目を向けるのは、社会‐文化科学の研究者たちである。二〇一一年一二月、彼は東ドイツの作家インゴ・シュルツェのような批判的知識人たちと「民主主義への攻撃——あるひとつの介入」という集まりを組織し、『*Tagesspiegel*』紙において次のようなことを確認している。

ヨーロッパの戦後史において、今日のような社会科学的診断の全面的欠如はなかった。そこでは国会での正当化なしに、主権国家が財政的委任もなく保護国に変わり、不断に危機管理の頂上会議が開かれては、国会を尻目に遠く将来にまで及ぶ決議がなされ、息つく暇もないスピードで政治やシステムに対する信頼が蝕まれる。にもかかわらず、大学アカデミーでも、新聞やラジオの文芸欄でも、政治学者、社会学者、歴史学者たちは、たったいま起こったばかりのことに分析を加えるが、自らの意見を述べていない（Welzer, *Tagesspiegel*, 19.12.2011）。

これと同時に、いまや巨額の金がいわゆる「Exzellenz-Cluster」（ＣＯＥのような特別推進研究プログラム）や新しい大学院センター（Graduiertenzentren）につぎ込まれている。政治哲学者のアレックス・デミロヴィッチは、二〇一〇年にライプツィヒで開かれたシンポジウムで、このような金銭目的の思考や市場のためのアイデアの生産を優先する発展を、知識人活動の侮辱と呼んだ。さらに彼は、大学に対する批判的な考えはますます周縁化されているとも言う。これでは大学は企業になってしまう。いや、もうそうなってしまっているのかもしれない。それを証言するような、ＢＭＷライプツィヒ工場との共同協定に関する、ライプツィヒ大学学長の言葉を引用しておこう。

このＢＭＷとの協力関係は大変喜ばしいものであります。これは我がライプツィヒ大学での学者研究者が、いかに実用実践に役立つよう働いているかを示すものです。この研究結果はＢＭＷでの生産過程をより効果的にし、その従業員の人たちにできるだけ良い条件を提供することに、寄与することになるでしょう。

この最後の文は、私にとってはまったく容認しがたく、かつて東独時代に研究者として激しく論争した問題が、もう一度想い起こされたのだった。それは、体制（大きな意味でも小さな意味でも）の中で批判的にかかわりながら、それを内側から変革改良できるのかという問題である。われわれは今日、それが非常に困難であることに気づいている。少なくともこれまでのところでは「第三の道」にチャンスはない。われわれはこのような学問の理解を根本から拒否して、「舞台から降りる」べきなのだろうか。大学という知のフィールドにおいて、それは具体的にはどういうことを意味するのだろうか。またその結果はどうなるのだろうか？（Demirović 2015 を参照）

これに対する普遍的な解答はないだろう。結局は、各人がそれぞれに決断しなければならないことだろうが、参考になる例はいくつかある。以下、三例ほどをあげてみる。

（1）ヴェルツァーは、最近アカデミズムの世界から足を洗った。彼は友人や同僚たちと組んで、「FuturZwei」という市民プロジェクトを立ち上げた。このプロジェクトは、想像された未来から過去としてのわれわれの現在を見て、こう問いかける。われわれはどう生きてしまっているだろう。われわれは何をしてしまっているのだろうと（訳注3）。プロジェクトでは、オルターナティヴな経済や他者との共生について語る、すでにいま起きている歴史・物語(hi)stories, しかもうまくいった良い生活の歴史・物語(hi)storiesを集め、アルヒーフに保管している。このプロジェクトが求めているのは、われわれの豊かで民主的な社会の中での余裕空間を利用して、自分たちの行動をプラスの方向に変えていくように、行動することである。

（2）まったく別のコンテクストから、構造的によく似た論議をしているのが、日本の柄谷行人である。

デモに行くようになってから、私はよく次のような質問をされる。それらは、「デモによってなにができるか、デモで社会が変わるのか」というような質問である。それに対して次のように答える、と私は述べた。デモで社会は変わる、なぜなら、デモをすることで、「人がデモをする社会」に変わるからだ、と(『世界』2012. 9: 94)。

この柄谷の立場はよく知られているだろうが、ついでに書き加えておくなら、素人の乱の松本哉も、よく似た発言をしている。

もちろんデモだけでは社会はかわらないかもしれない。いろんな方法を組み合わせることで社会はよくなっていくと思うんですよ……とにかく、意見があったら言う。そういう意味でも、デモはどんどん、むやみやたらとやるべきですね。どんどんやっちゃって、いろんなことは後から考えたらいいんです(TwitNoNukes『デモいこー!』2011: 51)。

(3) このような意志と行動のオプティミズム(グラムシ)に対して、スラヴォイ・ジジェックは次のような懐疑的な考えを対置する。

平等の連帯と時間的に制限のない自由な論争を伴った「水平に組織された」抵抗の文化に歓喜するこ

とは、緊張感もあって面白いことかもしれないが、われわれはレーニンの古い問いかけ「何をなすべきか」に具体的な答えを見つけなければならない（Žižek *Guardian*, 26.10.2011への寄稿）。

ジジェックは、抵抗する活動家たちに、間違った友と「抱き合って」横領されてしまわないように、警告を発する。間違った友はこう言うだろう。「君らはいったい何を求めているのか。君らの要求をあげよ。君らはただたんに何かに反対で、その他は黙っているというわけにはいかないのだ」と。そしてジジェックはOWSでのスピーチを次のような言葉で締めくくっている。

新しい内容を展開するには、時間が必要なのだ。われわれがいま言っていることは、すべてわれわれ自身から引き出されたものだ——われわれの沈黙を除いては。この沈黙、この対話の拒否、あらゆる形態のクリンチの拒否こそが、われわれの「テロ」なのだ。それは当然にも不吉で、脅迫的である（同）。

このような知と行動のパラドキシカルな関係を自分の力で解こうとする試みは、次のようなアントニオ・グラムシの言葉でまとめることができるだろう。

最悪の脅威にも絶望することなく、どんな愚かさにも熱狂することのない、冷静で我慢強い人間を創らなければならない。それは悟性のペシミズムと意志のオプティミズムである。

注

（1）この章は二〇一二年一二月に「日本の近現代思想史を書き直す Rewriting Modern and Contemporary Japanese Intellectual History」プロジェクトの一環としておこなわれた第六回国際会議「戦後日本というアムネジア」（早稲田大学戸山キャンパス）の講演原稿に手を入れたもので、ラウンドテーブルの討論用の短い発表の方は「補遺」として章末にくわえた。

（訳注1）プレカリアート precariat とは「precario 不安定な」（イタリア語）「Proletariat プロレタリアート」（ドイツ語）を組み合わせた造語。第八章参照。

（訳注2）なお、この章のもとになった講演後に、リヒターは自分のプロジェクト・グループで、暴力団専門ライター鈴木智彦の『ヤクザと原発――福島第一潜入記』（文藝春秋社 2011）を独訳出版している。Tomohiko Suzuki（2017）参照。

（訳注3）FuturZwei（future Two. http://futurzwei.org/）は、持続可能性を目的としたプロジェクトのひとつで、ドイツの財団が後援している。Futurzwei という言葉は、もともとドイツ語文法の未来完了形のことを意味し、この問いかけにはそれが掛けてある。

参考文献

Demirović, Alex 2015 *Wissenschaft oder Dummheit? Über die Zerstörung der Rationalität in den Bildungsinstitutionen*, Hamburg: Verlag VSA. https://www.rosalux.de/fileadmin/rls_uploads/pdfs/sonst_publikationen/VSA_Demirovic_Wissenschaft_Dummheit.pdf

Filhol, Elisabeth 2010 *La Centrale*, Paris: Éditions P.O.L.（2011 *Der Reaktor*, Hamburg: Edition Nautilus.）

Gramsci, Antonio 1999 *Gefängnishefte. Bd.9*, Hamburg: Argument Verlag.（アントニオ・グラムシ 2001 片桐薫編訳『グラムシ・セレクション』平凡社ライブラリー）
堀江邦夫 [1979] 2011『原発ジプシー　増補改訂版』現代書館
Jonas, Hans [1979]1984 *Das Prinzip Verantwortung. Versuch einer Ethik für die technologische Zivilisation*, Frankfurt/Main: Suhrkamp Taschenbuch.（ハンス・ヨナス 2010 加藤尚武監訳『責任という原理——科学技術文明のための倫理学の試み　新装版』東信堂）
Jungk, Robert 1977 *Der Atomstaat. Vom Fortschritt in die Unmenschlichkeit*, München: Kindler.（ロベルト・ユンク [1979] 2015 山口祐弘訳『原子力帝国』日本経済評論社）
柄谷行人 2012「人がデモをする社会」『世界』9月号
栗原彬 1982『管理社会と民衆理性——日常意識の政治社会学』新曜社
Marchart, Oliver 2013 *Die Prekarisierungsgesellschaft: Prekäre Proteste. Politik und Ökonomie im Zeichen der Prekarisierung*, Bielefeld: transcript Verlag. abrufbar unter: https://www.transcript-verlag.de/media/pdf/a9/66/5d/oa9783839421925o1XQeOmqQMiC7.pdf
Marx, Karl [1845]1958 *Thesen über Feuerbach, MEW 3, Bd.3*, Berlin/DDR: Dietz Verlag.（カール・マルクス 2010 渡辺憲正・山科三郎訳『マルクス・フォー・ビギナー5　フォイエルバッハ論』大月書店）
水木しげる 1979「パイプの森の放浪者」『アサヒグラフ』10月26日号／11月2日号
なすび 2012「はじめに　被ばく労働に隠されている原発の本質とこの社会の闇」被ばく労働を考えるネットワーク編『原発事故と被曝労働』さんいちブックレット　三一書房
NHK「東海村臨界事故」取材班 2006『朽ちていった命——被曝治療83日間の記録』新潮文庫

日本寄せ場学会編 2012『寄せ場』日本寄せ場学会年報25号「特集　原発と寄せ場」

西野方庸 2012「被ばく労働をめぐる政策・規制と福島の収束作業」被ばく労働を考えるネットワーク編『原発事故と被曝労働』さんいちブックレット　三一書房

シュテフィ・リヒター 2013 福井朗子・オプヒュルス鹿島ライノルト訳「「ポストフクシマ」、そしてポスト日本？」総合人間学会編『３・11を総合人間学から考える』学文社

Stettner, Ralf 1996 *"Archipel GULag": Stalins Zwangslager – Terrorinstrument und Wirtschaftsgigant, Entstehung, Organisation und Funktion des sowjetischen Lagersystems 1928–1956*, Paderborn: Ferdinand Schöningh Verlag.

Suzuki, Tomohiko（鈴木智彦）2017 *Inside Fukushima. Eine Reportage aus dem Innern der Katastrophe*, übersetzt von Felix Jawinski, Heike Patzschke, Steffi Richter, Berlin, Hamburg: Verlag Assoziation A.

Thébaud-mony, Annie 2011 *Nuclear Servitude: Subcontracting and Health in the French Civil Nuclear Industry*, London: Routledge.

TwitNoNukes 編集 2011『デモいこ！――声をあげれば世界が変わる　街を歩けば社会が見える』河出書房新社

Welzer, Harald 20.03.2011 Nach Fukushima. Abschaffung der Komfortzone. https://www.faz.net/aktuell/politik/energiepolitik/nach-fukushima-abschaffung-der-komfortzone-1610925.html

Welzer, Harald 19.12.2011 Debatte: Demokratie? Bin ich nicht für zuständig. http://www.tagesspiegel.de/kultur/debatte-demokratie-bin-ich-nicht-fuer-zustaendig/5976282.html

吉見俊哉 2012『夢の原子力―― Atoms for Dream』ちくま新書

Žižek, Slavoj 26.10.2011 Occupy first. Demands come later. スラヴォイ・ジジェック「まずは占拠だ、要求はそ

れから」　http://www.guardian.co.uk/commentisfree/2011/oct/26/occupy-protesters-bill-clinton http://beneverba.exblog.jp/16346354/）

映像資料

Tschirner, Joachim 2010 *Yellow Cake-Die Lüge von der sauberen Energie* © 2010 Um Welt Film Produktionsgesellschaft. https://www.youtube.com/watch?v=HEclYH6Ew_g（日本語字幕付ＤＶＤ 2010 ヨアヒム・チルナー監督『イエローケーキ　クリーンなエネルギーという嘘』ドイツ　UM WELT FILM）

Žižek, Slavoj 10.9.2011 Speech at OWS open forum. https://www.youtube.com/watch?time_continue=7&v=eu9BWlcRwPQ&feature=emb_logo

第八章　プレカリ化する日本

一　ある宣言

一連なりの妖怪が――「ロストジェネレーション」という名の妖怪が、日本中を歩き回っている。就職超氷河期（一九九〇年代という「失われた十年」）に社会へと送り出された二〇代後半から三〇代半ばの私たちは、いまだ名づけられ得ぬ存在として日々働き暮らし死んでいきつつある……、その数20、000、000人。

「ワーキングプア」「フリーター」「ひきこもり」「ニート」「うつ病世代」「貧乏くじ世代」「負け組」「下流」「ロストジェネレーション」……。世間が私たちをさまざまなレッテルで一括りにする。しかし、私たちは、「レッテル貼り」によって目の前にある問題や矛盾が隠されたり、未解決のまま先送りされることをのぞまない。

そして、私たちが抱える苦しみと悲しみを、「自己責任」という言葉で片づけたくない。これまで感情を押し殺して黙って生きてきたけれど、いまになってやっと、自分たちが「怒ってもいいのだ！」と気づいたから（『ロスジェネ宣言』創刊号：4）。

有名な『共産主義者宣言』をもじった「ロスジェネ宣言」の冒頭の言葉である。これは、二〇〇八年に発行され、初版一万部を越えた同名の雑誌『ロスジェネ』の信条表明である。世界中で金融危機（いわゆるリーマンショック）が経済を悪化させ、それに伴って民主主義の危機を増幅させた。最近の専門家たちの言葉では、「マルチ危機」と呼ばれている時代である。そのため、日本でもまた労働市場が悪化し、とくに非正規雇用者と呼ばれる若者たちを不安定な状態に追いやった。それまでにも「ワーキングプア」とか「フリーター」として知られていた彼らは、いまやしばしば「ロスジェネ」と呼ばれるようになった。「lost generation」を日本式に省略して綴ったこの言葉は、一九九〇年代半ばのいわゆる「失われた十年」以来、労働市場に押し寄せてきた世代を直截に形容する言葉となった。

『ロスジェネ』発行と同じ年の二〇〇八年には、『現代用語の基礎知識』に「ロスジェネ」という言葉が初めて姿を現わす。『現代用語の基礎知識』は毎年発行され、日本社会の状況を測る地震計のような役割を果たしている。そしてその年の文芸誌『すばる』八月号には「生まれてこなかったことを夢見る」というタイトルのもとに、五回にわたる「ロスジェネ文芸論」シリーズの第一回が出る。これは自らプレカリアートの生活を送っている、活動家で批評家の杉田俊介によって書かれたものである（杉田 2008～2011 参照）。こうして危機の年二〇〇八年、明らかに「ロスト・ジェネレーション」は、ジジェックの言う「出来事」となった。それは突然「露出」して、どのような原因からそれが生じたのか、という問いを投げかけただけでなく、同時にこれまでその現象と取り組んできた体系的な枠組みや認識をも、疑問に付すものとなったのである（Žižek 2014: 11）。

「失われた世代」以外にも、最初の引用に出てくるさまざまな「レッテル」は、いずれもわれわれのポスト産業社会に実際に起こり、漠然と感じとられている大変動を、明確な言葉で言い表わそうとする試みである。日本でもそうした試みが、プリケア〔不安定〕なもの、プレカリアート、プレカリ化といった概念のもとに論議されているが、じつはこれはけっして自明のことではない。

たとえば、政治学者のイザベル・ロライは『State of Insecurity: Government of the Precarious（不安定な政府）』の中で、ヘゲモニアルになっていく主体化様式としてのプレカリ化の過程を、はっきりと「主要なネオリベラル西洋産業国家」と関係づけている（Lorey 2012: 39）。ヨーロッパが学問的、理論的な知の産物において、もはや世界を測定するアルキメデスの点として機能しないという認識と結びついているならば、ロライのこの慎重な見解は、まったくその通りと言うべきである。

そしてこの考えは、一見して従来の社会モデルに依拠する、社会学的日本研究によっても実証されるように見える。たしかに、これらの研究は、日本でももっぱら社会的不平等が拡大し、プリケアな勤務事情のせいで貧困が増大していることを確認している。しかし、社会全体から見ると、日本は「明らかにまだプリケアとは言えない。（中略）プレカリアートという新しい「階級」が（言説上で）創出されたことも、（中略）実際には、それ以前から存在していたはずの個人的な生活状況の大きな格差を、曖昧にしてしまった」（Obinger 2016: 345）とされているのである。

しかしながら、このようなアカデミズムの研究は、ひとつのことを見落としている。ほとんど同じ時期に、イタリア、フランス、スペインでは、プリケアな活動家たちがプレカリティの調査研究を開始し（彼らにとっては当初から理論と実践は分離不可能であったし、それは現在でもそうである）、同じ頃日本でもまた、プリケアな活動家たちがこうした流れの一部を形成することになった。彼らは「ヨーロッパ」の仲間たちとコンタクトをとり、そのテクスト、シンボル、運動の進め方などを利用しながら、自分たちの実情に目を向けてきた。

これを示しているのが、二〇〇六年に公刊された雑誌『インパクション』の二度にわたる特集である（1）。四月号の特集は「万国のプレカリアート「共謀」せよ！」で、一〇月号のテーマは「接続せよ！研究機械」となっており、両特集とも、「プレカリアート」という言葉が、冒頭に示した『ロスジェネ』誌が示しているような運動用語やプロテスト用語として、また制度化された学術用語として定着するのに貢献したのだった。四月号の特集の序文（副題は「不安定階層（プレカリアート）の新たな政治を目指して」）は、〔社会学・イタリア研究者の〕伊藤公雄によるものだが、以下にその全文を引用しておこう。

プレカリアートとは誰のことか。簡単にいえば、市場中心主義のグローバル化のなかで、職業的にもまた生活の面でも「不安定（プレカリティ）」状態におかれている人々、特に若い世代のことだ。コンビニやファストフードで働くチェーンワーカーや、大学（院）を出ても職がないまま非常勤や非正規のブレインワーカーなどは、その典型例だろう。日本で、「ニート」や「フリーター」と呼ばれている若い世代もまた、このプレカリアート予備軍（可能性としてのプレカリアート）と考えることができる。もちろん、「不安定」な状況にとどまっているだけでは、プレカリアートとはいえないだろう。新しい「行動主体」として構想されているという点がこのプレカリアートという言葉にはこめられているからだ。暴走するグローバル資本は、不安定層をどんどん拡大させる一方で、不安定層が生み出しかねない社会解体の危機を、監視と統制によって押さえ込もうとしているかにみえる。おそらくは、このままほうっておけば、行き着く先は、二一世紀型のグローバル全体主義「世界」だろう。全体主義に対抗し、「公正さ」に開かれた「自由」と「民主主義」のグローバル「世界」を構築していくためにも、社会的に不利な条件にある人々や少数派の声を、社会に（世界に）反映させるための回路が求められる。だからこそ、万国のプレカリアートは、「共謀」する必要がある。インターネットを通じて、活字メディアを介して、さらに実際に顔と顔をつきあわせながら、それぞれの多様性・複数性をきちんと担保しつつ（つまり「全体」に回収されることなく）「共通の声」を生み出すことが求められているのだ（伊藤 2006: 9）。

同じ二〇〇六年には、東京でサウンド・デモ「自由と生存のメーデー」が開かれ、「プレカリアートの企みのために」というスローガンが初めて使われた。この運動形態は二〇〇一年に初めてミラノに登場したユーロ・メーデーに倣って、二〇〇五年から続いている。この関連で、これを共催した「パートタイマー・労働者・フリーター・外国人労働者の組合」（ＰＡＦＦフリーター全般労働組合：二〇〇四年創立）の活動家、攝津正は、「プレカリアート」という言葉が普通の人々の口から生まれたものであることを強調し、その点で、たとえば「マルチチュード」とは異なっていると述べている。

けれども、〈プレカリアート〉という言葉は、例えば〈マルチチュード〉とは違って、学問の言葉として生み出されたものではなく、匿名の落書きから生まれたものだというのが面白いところだよね。（中略）だから〈プレカリアート〉というこの言葉は、科学的な精密化にはそぐわない言葉でもある、と思うんだ。「不安定」というのを、統計的・実証的にどうやって定義するか、なんてやっていったら、全くのナンセンスになってしまう。それよりも、私達が日々感じている不安や寄る辺なさといった具体的な感情から出発したほうがいい、と思うんだ（「Dialogue on Precariat「プレカリアート」について」攝津正ブログ「薔薇、または陽だまりの猫」2006.09.11）。

ここに述べられているのは、少なくとも日本に関係するヨーロッパの社会科学研究が、これまでほとんど問題にしてこなかった——または理解してこなかった——プレカリ化の新たな性格であるが、政治学者マリオ・キャンデイアスは正当にも、それらの分析は「まだ充分に明らかにされておらず、過剰に差異化されている」と述べている（Candeias 2005）。この新しさは、おもに次のことに由来する。すなわち、活動家自身がしばしば「われわれ自身が当事者である」と言うように、当人たちが、直面する事態を研究するのに必要な知識を持ち合わせた専門家でもあるということである。プレカリアートは、アカデミズムの世界でもよく口にされるようになったが、このことが『インパクション』の二つめの特集号のテーマとなっている。執筆家、翻訳家、活動家であるサブ・コーソ（高祖岩三郎）は、そのことを、同じ二〇〇六年に出たテクストの中でこうまとめている。

（大学の大多数はもはや）中産階級つまりホワイトカラーを生産する機関ではないし、ましてや日本の将来を担うエリートを育成する場所ではない。むしろそれらは、慢性的に失業する若者の収容施設なのだ。（中略）だからいまや、新たに学生とは何かについて考えるべきである。（中略）そして学生たちをそのコンセプトに見合うように組織すべきである。（中略）この意味において、大学は再び闘争の舞台となることができるかもしれないが、それはこれまでになかったような仕方でおこなわれることになるだろう（Kohso 2006: 416, 434f.）。

これまでの記述からわかるように、日本でもこうした雰囲気や（たとえ少数とはいえ存在する）プロテストを、もはやマージナルな問題とか大衆迎合主義の問題だといって片づけられなくなるだろう。この国でも、あらゆる社会領域の人々および成長世代がプレカリ化されるような社会形態が、生まれてきているからである。

にもかかわらず、これまでに述べてきた共通点とは別に、相違点も忘れられてはならない。この相違点は、（通時論的には）個々の社会の資本主義的な近代化の歴史的経路依存《パス・ディペンデンシー》からも、また（共時論的には）個々の社会のおかれてきた多様な社会的ないし地政学的な布置関係《コンステレーション》からも、生じてきている。「プレカリ化社会」という、まだ未熟なコンセプトを発展させるべく、このように周到かつ経験的理論的に基礎づけられた、共通性と相違点を合わせて考える作業は、まだ始まったばかりなのである。

社会全体の構造変化を射程に入れたマクロ的な視座からは、たとえば、日本では「ポスト・フォーデイズムの蓄積体制」が「トヨティズム」として発展したという事実が、プレカリ化に対してどのような屈折《フレクション》をもたらしたのかを、綿密に研究する必要がある。トヨティズムは、一九八〇年代に始まり、二〇〇〇年以降促進された民営化、規制緩和、社会福祉国家の切り詰めといった政策と並行して進んだ。その生産モデルは、フォーディズムないしポスト・フォーディズムとの関係で議論されてきただけではない。いわゆるニューメディアの条件下にあって、多くの若者たちが自分たちの労働力を売りに出すとは、どういうことを意味するのかも論議されてきた（Berndt 2009: 99-106; Elis 2016: 70-78 を参照）。こうしたモデルは、やはり生産過程やコミュニケーション過程における情報化ないしコンピューター化の強い影響を受けているのではないだろうか。

この発展は、働く者たち全員に、一方で労働密度・管理の強化に向けての圧力と、他方で自立性、創造性、自己責任、フレキシビリティの可能性という、新しいパラドキシカルな要求を突きつける。このパラドックスは、「フリーター」という社会類型でも表現されるが、まさに「名は体を表わす」の諺通り、これについては当初からアンビヴァレントに論議されてきた。当初は「フリー」という言葉によって、中産階級とりわけサラリーマン層が、ますます窮屈と感じられる「ライフスタイル」から解放され、自分のライフプランを練るというプラス面が表現されるはずであった。大量に発生した「フレキシブル」な仕事、とくに膨張するサービス産業の仕事も、アンビヴァレントであったが、そうしたライフプランを実現するための収入の道を与えるように見えた。

だが、同時にネオリベラルな条件下にあって、そのような安定した昇進保証のある雇用から「解放された」安い労働力への需要が高まっていき、遅くとも一九九〇年代の半ば以降は（一九七〇年代生まれの）「団塊ジュニア世代」のイメージもその実情も、「ワーキングプア」ないし「ロスジェネ」の方向に流れていった。

〔その数は〕富裕であることを恥じず、謙虚さを失くし、他者や全体に対する責任を避けようとする連中の数と同じまでになった。とくに若い富裕層は、自分たちの成功や富をあからさまに誇示して、自己演出したがる。（中略）上層と下層は中間層を切り崩して広がり、上下差はますます拡大していく（Berndt 2009: 76f.）。

こうした展開は、日本では「下流社会」とか「格差社会」という言葉で議論され、コンセプト化されている。この展開を、政治理論家のオリヴァー・マルヒャルトの「包括的プレカリ化概念」と合わせて考えてみるのは有意義であろう。マルヒャルトはプレカリアートを、たんに貧困や下層、あるいは特定の就業状態に結びついた特定の社会層に帰すだけでなく、それを社会全体の要件とみなし、そのため「プレカリ化社会」という概念を持ち出す。この社会においては、「社会的組織が傾向としてあらゆる労働および生活関係の不安定化、つまりプレカリアートが社会の全域に拡散していく過程にさらされる」（Marchart 2013b: 7）。その際、その過程にとって三つの機軸が中心的な意味を担うが、それらに沿って、プレカリ化は、これまで比較的明確に区別されていた社会空間および領域を「分断する」ことになる（同書：7-20）。

第一の機軸においては、プレカリ化は横断的、すなわちあらゆる社会層にわたって進行する。これまで普通だとされてきた社会的標準が浸食されて、その反動としてのプレカリ化が起こり、正規の雇用関係にあった者たちも脅威にさらされる。

第二の機軸においては、不安定化ないしプレカリ化が多くの労働分野のみならず、生物的、社会的、文化的な次元における生の再生産においても生じるとされる。その最も包括的な原因となるのは、とくに（無形の物品も含めて）物品が商品化され、あらゆる労働ポテンシャルや能力が市場に送り出されることによって、労働が工場を越えて全社会空間に拡大することである。その結果「クリエイティヴな連中」は「働いていないように見えても、働いている」のに対して、多くのワーキングプアの方は何とか生活をやりくりしていくために、二ヵ所ないし三ヵ所で働かなければならなくなる。

第三の機軸として、領域を超えたプレカリ化の客観的および主観的な過程も考察の対象にされる。客観的には、広範なフロントでの規制緩和が、大きな転落リスクとなる。主観的には、貧困層や失業者だけに不安が広がるのではない。「プレカリアート予備軍」が脅威として不安を抱くのは、「プレカリティがつねに、だれの頭の中にもあり」つづけるという事態である。しかし同時に、諸個人が仕事と生活におけるリスク・マネージメントのために、負わなければならない責任が増えていくため、そのリスクを富裕化のチャンスとして、あるプレカリ化された条件を自己実現の自由として経験できるような主体化の戦略が、結果として出てくる。既成の支配構造は、統治テクノロジーを駆使する「自由に行動し、企業的発想をもった主体の自立ポテンシャル」を「生産資源として調達」するために、助成の働きを担うようになる。しかし、こうしたテクノロジーは、具体的な行動主体によって不断に主体化され、またそのポテンシャルからも、アンビヴァレントな新しい主体構造の統合要因ともなるという。

ここで重要なのは、マルヒャルトがプレカリアートを「ますます多くが貧困、排除、遮断のなかに陥っていく」とする「経済決定論」としては見ていないことである。むしろそれは「新しい政治的行動のパースペクティヴをも」開示しているとされる。

マルヒャルトは、このプリケアな主体の自己統治テクノロジーのアンビヴァレンツを、後期フーコーの「統治性《ガヴァメンタリティ》」の研究に結びつける。この研究はロライがプレカリ化メカニズムのアンビヴァレンツを分析する際にも中心的な意味をもっている（Lorey 2012）。ロライはこのメカニズムを、たんなるアカデミックな関心からではなく、彼女自身のアカデミズムにおけるプリケアな状態と、プリケアな人々の運動への参加というコンテクストから分析しているが、これは日本におけるプレカリティおよびプレカリ化への私の関心とも近い。だから、後の議論を実りあるものにすべく、ここで彼女のコンセプトの中核をなす考えを少しだけ紹介しておきたい。その際また、二〇一四年に出た、カール・カッセゴールの興味深い研究『現代日本における若者の運動・トラウマ・オルターナティヴ空間』（Cassegård 2014）をも参照することになるが、この中には先に触れた『インパクション』の二つの特集号にかかわった、多くの活動主体が紹介されている。

二　自己委任としてのエクソダス(2)

個人が統治可能にされるだけでなく、自己も他者も同時に統治可能にする様式を分析する場合、しばしばその中心におかれるのは、後期フーコーによって導入された統治の概念である。そして、この自他のマネージメントという二重のパースペクティヴのもとになっているのは、その中に秘められた批判ポテンシャルを示唆する、フーコーの次のような問いである。

こうした原理の名にあって、そのような目的のために、またそのような方法で統治されないこと、そのようにではなく、そのためにではなく、それによってではないように統治されることは、いったいどのようにして可能なのだろうか（Foucault 1992: 11f. 強調は筆者）。

この問いを取り上げたロライの関心は、「自己統治と他者統治のアンビヴァレンツ」だけではなく、とくに「従属的に統治されることと、そのようには統治されないことを図る拒絶との間の自己統治内部のアンビヴァレンツ」（Lorey 2012: 17）にも向けられる。前者すなわち自己統治の従属面は、近代の市民が「集団の、またそれに含まれるかたちでの自分の主権、自律、自由を信じて」（同書：16f.）自分から進んで社会的な関係に服するという点に特徴がある。この従属面は、結局のところ、脅威、保護、安全という社会政治的論理に従うことになるが、これは歴史的には、ホッブスの立てた安全国家の構想にまで行きつく。これに対し、そうはならず、「しかもますます支配から逃れようとする」側が向かうのは、ケアの論理、すなわち「それと結びついた「再生産」の概念および多様なケア活動が、ポスト・フォーディズムの生産関係の中に場所を見つけ、知的ないし情動的にコミュニケートする新たな労働形態を尊重する」ようなあり方である（同書：120）。

これがプレカリアート研究にとって、どういうことを意味するのか。それを理解するために、プリケアであること、プレカリティ、統治的プレカリ化、というロライのプリケア概念の三つの次元を紹介しておくのが、得策であろう。これらは、どれ一つとして単独ではなく、つねに歴史的にさまざまなかたちで相互に関連し合って現われてくるが、それによって明らかになるのは、権力と同じように、プリケアなものも、けっして消失することはないということである。

ロライは〔第一の次元〕「プリケア存在」を、ジュディス・バトラーの「プレカリアス性 precariousness」、すなわち、あらゆる人間の生と身体は条件づけられているという事実と結びつける。つまり、あらゆる人間は社会的で、他者に依存しているのだが、保護を求める代償として、その分つねに不可避的に脅威にさらされる。

しかし、この全員に共有されるプリケアな共同存在は、人間の生活を平等にはしない。というのも、〔第二の次元〕プレカリティとともに、諸個人の不安定さを社会的にさまざまに規定する政治的次元が、初めから関与してくるからである。つまり、政治的または法的規制というかたちでの他者化 Othering の過程を越えて、不平等な関係やヒエラルキーの中に、プリケアであることが立ち現われてくるのである。「この次元が、諸個人に集団への帰属を認めたり、拒否したりする、自然化された支配関係に及ぶことになる」（同書：26）。ここで言われる支配とは、「生活上プリケアであることに対して試みられる安全保護を意味するが、同時にこの防衛の特権は、プレカリティをさまざまなかたちで、守る必要がないとみなされた別の人々に振り分けることを基礎にしている」（同書：37）というのだ。

最後の第三の次元、すなわち統治的プレカリ化は、賃労働と産業資本主義的な関係の発達に伴って発生する、歴史的に特殊な統治形態に関連している。これのヨーロッパ的でリベラルな段階では、他者化、はまず最初に、市民的基準から外れた、アブノーマル、異質、貧しいものとして社会の（またはコロニアルな）周縁へと排除される、プレカリティの形態を生み出す。そして、フレキシブル化、規制緩和、脱安全化を特徴とするネオリベラルな体制下に入ると、プレカリ化は常態化され、「不安定による統治を可能にする。プレカリ化はネオリベラリズムの中心に導入されることによって、いわば「民主化」されるのである」（同書：25）。

割り当てられ、リスクを伴った不確かな労働および生活の条件は、それなりの法律や規則や規約によって可能な限り安全地帯に再統合されていた多くの人々を、もはや「端っこ」におくだけにとどまっていない。「転落の心配と締め出される不安」（Hommrich 2016）が「ノーマル」で「レギュラー」の日常の中にも浸透し、それが社会全体に行きわたると、プリケアな人々の政治的で文化同一的な統合は不可能となる。その結果、「プリケアな人々の利害を代表するもの、およびその代理形式もなくなってしまう」（Lorey 2012: 22）。

しかし、先に二つめの「自己統治の内部におけるアンビヴァレンツ」の指摘でも触れたように、ロライはそのことを、たんに欠陥だと嘆いてはいない。彼女は同時に、そのつど異なった事情にあるプリケアな人々の求める「資格（能力）」を問題にする。その資格とは、一方で、彼らが価値創出のために手段化する（手段化させる必要のある）資格でありながら、他方では、それを、孤立化を克服して新しい共同体を求める出発点となる能力へと転ずることができるような資格である。ロライ自身は、スペインの **Precarias a la Deriva**〔マドリッド周辺で研究し行動するフェミニスト〕の運動をケーススタディにし、それを「ケア共同体」と呼んでいる（Precarias a la Deriva 2014）。

日本において、同じような運動を見つけることができるだろうか。ヨーロッパにおける日本関係のプレカリ化研究（3）は、アカデミズム、ポップカルチャー、文学といった分野での「プレカリアート・ブーム」を話題にしている。しかし、これらの関心が向かうのは、とくにプリケアであることのなかにある耐え難さ、つまり苦しみの圧迫という明確な「犠牲」面であり、したがって現状へのあきらめを伴った朗らかな態度に関心が向くのは、むしろ稀である。だが、まさにここに「社会全体の認識に、持続的かつ一面的な影響を与える最大のポテンシャル」がある。というのも、この間、豊かな市場が形成されていくなかで、プリケアであることを実際に体感する当事者たちが、さまざまなメディアを通して自分たちの話を広め、それが〔他の人たちにも〕役に立つことになるからである。このような表象ないし物語は、次のような印象を喚起することになった。

〔それによって、〕とりわけ中産階級およびその階級の抱く、抽象的な転落不安や危機感が扱われるべきだということになる。要するに、そこでの格差の言説は「まだプレカリ化されていない者」が実感する脅威をめぐってなされていても、それは具体的な解決策をめぐってではない。というのも、日雇労働者、ホームレス、あるいは（不法な）移民に見られるような、この数十年の間の貧困状況との取り組みが、大幅に無視されてしまっているからである（Obinger 2016: 343）。

この所見は、その基礎にある分析「フレーム」と、先に述べた安全国家の論理に従う社会モデルをセットにして考える場合には、ある程度の説得力をもっている。つまり、実感と現実との落差ないしプレカリ化を、ある不安定ゾーンないし脅威にさらされた社会層に限定した場合、言い換えれば、プレカリティをもっぱらネガティヴな意味で理解した場合には、一定の真理を語っている。

しかし、ロライやマルヒャルトが挑戦しているのは、まさにこうした従来のヘゲモニー型解釈モデルに対してなのだ。彼ら（および私）にとって問題なのは、むしろこのような、主体化の様式に内在する、エンパワーメントおよび行動ポテンシャルのパースペクティヴである。このポテンシャルがどれほどマージナルに見えようとも、それは全体の安定性を倒壊させる可能性をもっている。そのことを言葉化すること、それが前にも触れたカッセゴールの研究がめざすところでもある。

三　Just let us be!

カッセゴールの研究には、他の研究でもよく出てくる一人の活動家、いわば日本のプレカリアート運動のシンボルともいうべき、雨宮処凛がたびたび登場してくる。

プレカリアートという概念にはフリーターを代表とするような非正規雇用者やニート、そしてサービス残業を強いられるような正社員層や自営業者、私のようなフリーの物書きなんかも含まれる（雨宮 2008: 44-45）。

雨宮は、最初に紹介した『ロスジェネ』誌に寄せた論文で、当時ほとんど知られていなかったプレカリアートという概念をそのように定義し、先にも触れた雑誌『インパクション』の読者を越えて、その概念を広める働きをした。むろん、このかつてのパンク歌手に問題がないわけではなく、その飽くことのない出版活動によって、ブームとかマーケッティングといった煩わしい過程にも巻き込まれている。しかし、貧困や非正規労働を、もはや「自己責任」として自明視してしまわないことに、雨宮がかなりのところまで貢献したことは、争う余地がない。公の場でも、当事者たちの間でも、もはやたんに犠牲者とか「敗北者」とみなされることに甘んじるのではなく、新たに組織された労働組合的な組織や、不当・不公平に対抗する団体の助けを借りて、身を守ろうとする人々の声が聞こえるようになってきている。これは、雨宮自身にも当てはまることで、彼女はプリケア存在としての自分を、自分および他者を自己権限化しながらケアする権能（をもった存在）へと転換している(4)。

しかし、何よりもカッセゴールのプレカリアート研究を他の研究から際立たせているのは、彼が、ひとつの持続的な運動体の中で重要な結節点でありつづけている雨宮を、「チャンピオン」(Field 2009: 3)とか「世論作り屋」ないし「槍先」(Obinger 2016: 342, 344)などと、パターン化して扱ってはいないことである。このようなパターン化は、従来のアカデミズムが常套としてきた、素材や研究技術の結果以外の何ものでもない。アカデミックなトレーニングによって得られる学問的なスタンダード（参与観察という技術も含めて）は通常、それにできるだけ合うようなテクストを優遇するからである(5)。

これに対し、カッセゴールは厳密な民族誌的なやり方というよりも、むしろ自分の対象とする活動家に共感しながら、自ら同伴するやり方を特徴としている。

二〇〇九年から二〇一〇年にかけての京都滞在中、私は月に何度も「くびくびカフェ」に行ったり、組合主催のイヴェントに出かけた。それは心地よいアジトというだけでなく、京都大阪を中心とする関西圏の活動を知るための便利な結節点だった（Cassegård 2014: 2）。

こうした直接的なコミュニケーションとセットになっているのが、活動家たちが自分で作ったさまざまなテクスト、すなわち、著書、論文、パンフレット、ビラ、ホームページ、討論フォーラム（コミュニティ）、ニュースレター、ブログなどであるが、このようなやり方で、カッセゴールは彼の調査研究した「フリーター（6）・アクティヴィズム」の基本理念と活動形態のマップを作ることに成功した。これにくわえて彼は、プリケアな人々が自分たちに主体化の様式（すなわちアイデンティティ）を割り当てているヘゲモニアルな言説を疑問に付し、それを新しい方向に向ける「オルターナティヴな空間」や「エンパワーメント」といったコンセプトとも取り組んでいる。すでに示唆しておいたように、雨宮の場合、その具体的な活動は、イデオロギー的には「自己責任」として遠回しに表現されたネオリベラルな不当要求を公然と拒否し、日本国憲法第二五条に定められた、充分で文化的な生活をする権利を自覚的に要求したり、創り上げたりするところに見られる。

カッセゴールの研究には、「素人の乱」とともにこの間有名になった「フリーター・アクティヴィスト」のグループも取り上げられている（同書 :104-111）。その中心を担う松本哉は、最近、東アジアをも舞台に活動しており、そのため日本という枠を越えてアカデミックな研究対象となっている（7）。ここに、「素人の乱」の信条となる一文だけを引用しておこう。

> 労働条件の改善や生活保護を求める運動は、政府や企業に対して要求をしているけど、俺はむしろ、そういう世界からは極力離脱するようにしている。（中略）そっちの世界から離脱した（松本 2008: 183-184）。

「離脱」とは、この場合、彼なりの「革命」を意味するが、これはさらに言えば、「ポスト革命」の世界を先取りして創り出そうという理念のことであり、だれに対しても「こっち来いよ、もっと楽しくやろうぜ」と呼びかけることを意味している。こうしたプリケアな人々の生き延びる（Let us live!）ための闘いは、「予示的政治」（Obinger 2015: 100-110）という意味で、現在の共同体の中でより良い生活を求めることと深くつながっている。彼らは、危機的状況にある東京の高円寺商店街にオルターナティヴな空間を創出し、とくに「リサイクル、修理、改造」、つまり「ぼったくり経済」が市場に無限に新製品を送り込むために処分した物品で生計を立てている（松本 2008: 63）。

ここでは、永久的な消費欲に駆られたメインストリーム社会への拒否と、何らかの形で処分された「ゴミ」に依存するという、皮肉な自己認識とが結合しているが、これはロライの次のようなパラドックスめいた発言ともよく似ている。ロライによれば、ネオリベラルからの不当な要求を拒否することは、けっしてそれからの解放の一撃とはならず、そのような仕方ではなく、またそれのために統治されることでもなく、自分で自分を統治するための対決や闘いとなる。従属しない技能とは、そのポテンシャル同様、従属的な技能に内在しており、現在の有用な技能から逃れ、とくにプリケアな主体化様式そのものの中に生じるのである（Lorey 2012: 130）。

もう一度強調しておきたいのは、カッセゴールの研究においては、雨宮や松本のような活動家がけっして特別な地位におかれたり、「オピニオンリーダー」（Obinger 2015: Kap. 5 und 6）として見られていないことである。彼らの個性化は、あくまで彼らが活動し、同時にその過程の中で自己を構成しているネットワークの結果として出てくるのである。だから、これには葛藤がつきものだし、挫折のリスクもある。

このことはさらに、ホームレスのテント村における具体的な（芸術）アクションのようなフリーター・アクティヴィズムのかたちでも見られる。公園、河岸のプロムナード、駅といったトイレや水道などの衛生設備を近くにもつ公共の場所で、そのような「村」が急激に増えたのも、一九九〇年代の危機の結果であった。それ以来、日雇労働者たちは仕事を見つけるのが困難になり、その結果、しばしばホームレスを生み出した。同時に若者たちは、そうした日雇と競合するように、非正規雇用に流れ、ますます「プリケアに近づいて」いった。こうした展開は二〇〇〇年以来、「ネットカフェ難民」という現象として、二四時間営業のインターネット・カフェ、またはいわゆるマンガ喫茶に安く投宿する若いホームレスの日雇労働者たちの中に、象徴的な表現を見出している（Cassegård 2014: 124）。

「カフェ」という言葉から、最後に「フリーター・アクティヴィズム」について考えてみたいが、それに関してもう一度、ロライの言う二重の統治アンビヴァレンツ、すなわち、他者統治と自己統治のアンビヴァレンツおよび自己統治内部のアンビヴァレンツを問題にしたい。

カフェというのは、近代化の途上または近代化された社会においては、その多様な用途のためにパブリックとプライベートの間を往き来する場所であったし、現在もそうである。これは、その場所で、だれが、何を、どのようになすかに応じて、多様な方向に開かれた空間でもある。インターネット・カフェが狭義のプリケアであり、圧倒的に他者によって統治されたワーキングプアの利用者たちに、たんなる生き残りの場（これには次の仕事を見つけるためのネット利用が含まれる）を提供しているのに対し、「自己統治」を目標とするカフェは、現実にもアンビヴァレントな空間である。二〇〇〇年以来、世界中で大小の都市に出現したカフェのスペクトルは広い。おそらくその極のひとつに、「経済的強制と芸術衝動の間」にあるクリエイティヴな人たちによる、ライフスタイルの店というタイプがあるのだろう（Manske 2016）（8）。

その対極をなすのが、たとえばカッセゴールが出入りしていた京都大学構内の「くびくびカフェ」である。これは今では閉鎖になっているが、カッセゴールはこのカフェのことを「心地よい会話と安いコーヒーを提供してくれる場所、情報センター、ときには組合員の一次的な宿泊所」と書いている（Cassegård 2014: 1-2）。あるいは「素人の乱」のメンバーによる「なんとかBAR」。これを営業していくには、（たいていは一晩）買い物や料理をする志望者をつねに必要としており、売上金はしばしば、活動やプロジェクトを支援するために使われている。あるいはまた、代々木公園の「エノアールカフェ

（絵のあるカフェ）」。これはホームレスの村に住んでいる二人の活動家、小川てつオといちむらみさこが営業していて、ホームレスのために絵画サークルなどを催している。

こうしたことは、日本だけに限られない。東アジアでは、韓国、香港、台湾、北京、上海などにも見られることである。デジタル・メディアのおかげで、今日では、これらのさまざまなプロジェクトの活動家について、直接間接の情報が得られる。同時に、この活動家たちは「アナログ」な形でもディスカッションや学習をしていて、互いに直接コミュニケーションを取り合ってもいる。これについては、たとえば二〇一四年に中国語で出版された『創意空間——東亞的藝術與空間抗爭 Creative Space: Art and Spatial Resistance in East Asia』（Yuk Hui（許煜）& DOXA 2014）がある。また、松本哉の『世界マヌケ反乱の手引書』（松本 2016）も大いに参考になる。

このような芸術、社会、政治にまたがるアクションの出会いは、最近では芸術用語の「アーティヴィズム Artivism」に表現されている。香港の独立芸術家グループ「Hidden Agenda」の活動家ウォン・アーコック（黄津珏 Wong Ahkok）は、二〇一二年一二月の「素人の乱」訪問に際して、この出会いを次のようにまとめている。

> われわれは政府や国を相手にして戦う活動家ではない。われわれが欲するのは、ただ政府や国がわれわれに生きるための空間を認めてくれることである。ただほっといてほしいのだ。Just let us be!

この「Just let us be!」はまた、あたかもすでに大きな社会的変化が起こってしまったかのように、つまり、「実現されたユートピア」の中にいるかのように生活したい、という要求としても理解できよう。

注

（1）ちなみに、この新左翼の雑誌『インパクション』は、二〇一四年の１９７号をもって終刊となった。

（2）この運動実践と理論の概念についての論議に関しては、Virno（2010）、およびLoick（2014）を参照。

（3）Hommrich（2016）とObinger（2015, 2016）のほかにも、Gebhardt（2010）；Allison（2013）；Iwata-Weickgenannt und Rosenbaum（2015）；また最近では、Köhn und Unkel（2016）の研究をあげることができる。

（4）たとえば、雨宮が一八件の多様なプリケアな人々をルポした本『プレカリアートの憂鬱』（2009）およびウェブ・マガジンのブログ「雨宮処凛がゆく」の記事を参照。

（5）これに属するのは、たとえば出版物の版権であるが、これがないと告訴されたり（たとえばObinger 2015: 152）、参考文献の作成が「複雑で面倒」になる。

（6）カッセゴールは「フリーター」という言葉を次のように広い意味で使っている。

「プレカリティ、言い換えれば不安定な生活の結果、安定した雇用を欠くことを特徴とする、若者たちを指す。フリーターであるとは、特定のタイプの雇用をもつのではなく、学業、失業、派遣労働、あるいはその他の非正規労働やリタイア組といったところを、あちこち出入りする層の属性である。派遣労働者、パートタイム主婦、社会からのリタイア組と同じように、大学生、若い研究者、芸術家、若年ホームレスなどもまたこの層の一部を成している」（同書 : 4）。

（7）これらの人々の詳細に関しては、Obinger（2015）；Richter（2012: 118-123）を参照。

（8）文化産業およびクリエイティヴ・インダストリーの分野でのプリケアな人々のフィールドについて、このテクストで触れられないのは、たんにそれについて述べる余裕がないだけでなく、そもそも日本研究にそのような視点が欠けているからであると思う。

参考文献

Allison, Anne 2013 *Precarious Japan*, Durham, London: Duke University Press.

雨宮処凜 2008「生きづらさが超えさせる「左右」の垣根」『ロスジェネ』創刊号　かもがわ出版

雨宮処凜 2009『プレカリアートの憂鬱』講談社

雨宮処凜編 2020『ロスジェネのすべて――格差、貧困、「戦争論」』あけび書房

浅尾大輔編集 2008「ロスジェネ宣言――いま「われわれ」の言葉はリアルだろうか」『ロスジェネ』創刊号　かもがわ出版 : 4-7.

Berndt, Enno 2008 “J-Society. Wieviel Unterschiede verträgt das Land?,” In: Steffi Richter und Jaqueline Berndt (Hrsg.) *J-Culture. Das neue Japan-Lesebuch IV*, Tübingen: konkursbuch Verlag Claudia Gehrke, 74-85.

Berndt, Enno 2009 *Toyota in der Krise. Von den Widersprüchen und Grenzen des Status quo*, Leipzig: Leipziger Universitätsverlag.

Candeias, Mario 2005 “Prekarisierung: unterbestimmt und überdifferenziert,” *arranca!* #32: Superprecaria! Für eine linke Strömung: 4-7. https://arranca.org

Cassegård, Carl 2014 *Youth Movements, Trauma and Alternative Space in Contemporary Japan*, Leiden, Boston: Global Oriental.

Elis, Volker 2016 "Japan und die postfordistische Prekarisierungsgesellschaft," In: Köhn und Unkel (Hrsg.) *Prekarisierungsgesellschaften in Ostasien?*, Wiesbaden: Harrassowitz Verlag, 61-82.

Field, Norma 22.02.2009 "Commercial Appetite and Human Need: The Accidental and Fated Revival of Kobayashi Takiji's Cannery Ship（『小林多喜二　蟹工船　一九二八・三・一五』岩波文庫）," *The Asia-Pacific Journal* Vol. 8-8-09. https://apjjf.org/-Norma-Field/3058/article.html

Foucault, Michel 1992 *Was ist Kritik?*, Berlin: Merve Verlag.（ミシェル・フーコー 2008 中山元訳「批判とは何か――批判と啓蒙」『わたしは花火師です――フーコーは語る』ちくま学芸文庫）

Gebhardt, Lisette 2010 *Nach Einbruch der Dunkelheit*, Berlin: EB Verlag.

『現代用語の基礎知識』2008 自由国民社

Hommrich, Carola 2016 "Die Wahrnehmung der Differenzgesellschaft – Abstiegssorgen und Ausschlussängste in Japan," In: Köhn und Unkel (Hrsg.) *Prekarisierungsgesellschaften in Ostasien?*, Wiesbaden: Harrassowitz Verlag, 155-176.

許煜 & DOXA 編 2014『創意空間――東亞的藝術與空間抗爭』香港：圓桌精英（Hui, Yuk & DOXA (eds.) 2014 *Creative Space: Art and Spatial Resistance in East Asia*, Hong Kong: Roundtable Synergy Books.）

『インパクション』2006 151号「特集　万国のプレカリアート！〈共謀〉せよ！」インパクト出版会

『インパクション』2006 153号「特集　接続せよ！研究機械」インパクト出版会

『インパクション』2014 197号「特集　テロルの季節」インパクト出版会

伊藤公雄 2006「特集　万国のプレカリアート！〈共謀〉せよ！――不安定階層（プレカリアート）の新たな政治を目指して」『インパクション』151号　インパクト出版会：9.

Iwata-Weickgenannt, Kristina & Roman Rosenbaum (eds.) 2015 (engl. Publikation) *Visions of Precarity in Japanese Popular Culture and Literature*, London, New York: Routledge.

Köhn, Stephan und Monika Unkel (Hrsg.) 2016 *Prekarisierungsgesellschaften in Ostasien?. Aspekte der sozialen Ungleichheit in China und Japan*, Wiesbaden: Harrassowitz Verlag.

Kohso, Sabu（高祖岩三郎）2006 "Angelus Novus in Millennial Japan," In: Tomiko Yoda & Harry Harootunian (eds.) *Japan after Japan: Social and Cultural Life from the Recessionary 1990s to the Present*, Durham, London: Duke University Press, 415-438.

Loick, Daniel 2014 "Stichwort: Exodus. Leben jenseits von Staat und Konsum?," *WestEnd. Neue Zeitschrift für Sozialforschung* 1: 61-66. abrufbar unter: http://www.ifs.uni-frankfurt.de/wp-content/uploads/WestEnd-1-2014_Stichwort.pdf

Lorey, Isabell 2012 *Die Regierung der Prekären*, Wien, Berlin: Verlag Turia + Kant.（2014 *State of Insecurity: Government of the Precarious*, trans. by Aileen Derieg, foreword by Judith Butler, New York, London: Verso）

Manske, Alexandra 2016 *Kapitalistische Geister in der Kultur- und Kreativwirtschaft. Kreative zwischen wirtschaftlichem Zwang und künstlerischem Drang*, Bielefeld: transcript Verlag.

Marchart, Oliver 2013a *Die Prekarisierungsgesellschaft: Prekäre Proteste. Politik und Ökonomie im Zeichen der Prekarisierung*, Bielefeld: transcript Verlag. abrufbar unter: https://www.transcript-verlag.de/media/pdf/a9/66/5d/oa9783839421925o1XQeOmqQMiC7.pdf

Marchart, Oliver 2013b "Auf dem Weg in die Prekarisierungsgesellschaft," In: Oliver Marchart (Hrsg.) *Facetten der Prekarisierungsgesellschaft. Prekäre Verhältnisse. Sozialwissenschaftliche Perspektiven auf die Prekarisierung von*

Arbeit und Leben, Bielefeld: transcript Verlag, 7-20.

松本哉 2008『貧乏人の逆襲！——タダで生きる方法』（2011 増補版　ちくま文庫）

松本哉 2016『世界マヌケ反乱の手引書——ふざけた場所の作り方』筑摩書房

Obinger, Julia 2015 *Alternative Lebensstile und Aktivismus in Japan. Der Aufstand der Amateure in Tokyo*, Wiesbaden: Springer VS.

Obinger, Julia 2016 “Megatrend Prekarisierung? Eine sozialwissenschaftliche Annäherung an den ‘Prekarisierungsdiskurs’ in und über Japan,” In: Köhn und Unkel (Hrsg.) *Prekarisierungsgesellschaften in Ostasien?*, Wiesbaden: Harrassowitz Verlag, 329-350.

Precarias a la Deriva 2014 Was ist Dein Streik? Militante Streifzüge durch die Kreisläufe der Prekarität. abrufbar unter: http://transversal.at/books/precarias-de

Richter, Steffi 2012 “Das Ende des ‘endlosen Alltags’? Post-Fukushima als Japan-Diskurs,” In: Steffi Richter und Lisette Gebhardt (Hrsg.) *Japan nach ‘Fukushima’. Ein System in der Krise*, Leipzig: Leipziger Universitätsverlag, 91-133.

Richter, Steffi 2016 “‘Prekarisierungsgesellschaft‘: Der Fall Japan,” In: Köhn und Unkel (Hrsg.) *Prekarisierungsgesellschaften in Ostasien?*, Wiesbaden: Harrassowitz Verlag, 351-377.

Roundtable 2014 “Exodus als Streik,” *WestEnd. Neue Zeitschrift für Sozialforschung* 1: 121-130. abrufbar unter: http://www.ifs.uni-frankfurt.de/wp-content/uploads/WestEnd-1-2014_Stichwort.pdf

攝津正 2006「「プレカリアート」について」攝津ブログ「薔薇、または陽だまりの猫」http://blog.goo.ne.jp/harumi-s_2005/e/3a5c227572637222ce248d2849da85b6

杉田俊介 2008「ロスジェネの文芸論（1）生まれてこなかったことを夢見る」『すばる』8月号；2010「『ロスジェネ芸術論』（2）加藤智大の暴力（その一）」『すばる』年4月号；2010「『ロスジェネ芸術論』（3）加藤智大の暴力（その二）」『すばる』9月号；2011「『ロスジェネ芸術論』（4）明日を生き延びさせるための思想」『すばる』5月号；2011「『ロスジェネ芸術論』（5）——チェルフィッチュ、破滅＊ラウンジ、宮下公園」『すばる』12月号

坪井秀人編 2018『バブルと失われた二〇年——戦後日本を読みかえる6』臨川書店

Virno, Paolo 2010 *Exodus*, Hrsg. und aus dem Ital. von Klaus Neundlinger und Gerald Raunig, Wien, Berlin: Verlag Turia + Kant.

Žižek, Slavoj 2014 *Was ist ein Ereignis?*, Frankfurt / Main: S. Fischer Verlag.（スラヴォイ・ジジェック 2015 鈴木晶訳『事件！——哲学とは何か』河出書房新社）

参照サイト

雨宮処凛がゆく　https://maga9.jp/category/karin/（2017.4以前 http://www.magazine9.jp）

松本哉の適当な日記——素人の乱5号店・店主日記　https://matsumoto-hajime.com/blog/

くびくびカフェ（ユニオンエクスタシー京都大学時間雇用職員組合）　https://extasy07.exblog.jp/

DOXA　http://www.doxacollective.org/2012/03/03/creative-space—art-and-spatial-resistance-in-asia/）

謝辞

本書の著者のように、さまざまな出来事や断絶を生き延びてきて、たえず変化していく物事に貪欲に関心を向けてきた者には、ひとつのテーマからまた別のテーマへと飛び回っているうちに、自分自身が分散してしまうのではないかという不安やリスクが、つねにつきまとっています。それがリスクだというのは、この飛び回りは、忍耐と時間的余裕を要する「学問研究の時間」すなわち「思考の時間」とは相反するからですが、このことは今日では、近代的制度としての学問研究にとって共通認識となってしまっています。

しかし、これをポジティヴに見るなら、この分散または「つねに現状に関与し、あちこちを渉猟すること」は、その存在さえも知られていなかったり、また論理的に説明がつかず、ネックレスの真珠のように整然とした歴史的脈絡がつかなかったりする、さまざまな問題や資料に遭遇することを可能にしてくれます。このような一見ランダムな多様性を整序してくれるのが、表と裏の表紙の間にそれらを収めた著作にほかなりません。この著作でもそうですが、新しく書き下ろされた序論が、この論集に一定の有機的な構造を与える役割を果たしています。言い換えると、それが個々の章をモザイク画として浮き上がらせているのですが、そこには私自身の考えやメッセージも込められています。とはいえ、どのテクストをどんな順序で読み、またそこから何を読みとってもらうかは、最後はすべて読者に委ねられています。

渉猟中に見つかった多くの資料について言えることは、自分の研究生活の中で出会ってきた人々について、よりいっそう当てはまります。この間自分のテーマと結びついたネットワークは拡大し、それに伴ってますます多くの結節点となる個人の研究者や研究グループが、既知の事柄をさらに追究したり、新たな道に向かうための指針を与えてくれました。その多くの人々は、今では懐かしく回想される通過点となっています。しかし、その中には、私自身の出自を負っているだけでなく、繰り返し批判や厚意のフィードバックをしてくれる参照点として、私自身が立ち返っていくような貴重な人たちもいます。

この著作を日本で公刊することができた機会に、そうした人たちに心から感謝の念を表わしておきたいと思います。まずはこのテクストを翻訳編集してくれた私の相棒ともいうべき小林敏明氏に。つづいてフンボルト時代から長年親交を温めてきた佐藤和夫、斎藤暎子、メリッタ・ヴァリゴラ、ジャクリーヌ・ベルント、エンノ・ベルント、グードロン・ハーヴェマンの諸氏に。また大学の同僚関係ではアクセル・リューディガー、ゲルダ・バウムバッハ、そして今は亡きフォルカー・カイザの諸氏に。さらに学術交流を通して多くを学んだ柄谷行人、キャロル・グラック、吉見俊哉、成田龍一、酒井直樹、岩崎稔の各氏に。そして最後に、校正や文献の確認をはじめ、この著作ができ上がるにあたって綿密な編集作業を引き受けていただいた新曜社の小田亜佐子さんにもお礼の言葉を述べておきたいと思います。

二〇二〇年夏　ライプツィヒにて

著　者

編訳者あとがき

著者シュテフィ・リヒター（Steffi Richter 旧姓アルフ Arff）は一九五六年九月八日にドイツ民主共和国（東ドイツ）のライプツィヒ市に生まれ、ギムナジウムの生徒時代までは陸上競技（投擲）とカヌー競技の選手として活躍した。しかし、一九七四年に一年間、ハレ大学での外国語集中研修を経てギムナジウムを卒業すると、一九七五年から五年間ロモノーソフ・モスクワ国立総合大学（通称モスクワ大学）に国費留学し、そこで哲学の勉強に励んだ。ちなみに、彼女はこのモスクワ留学が始まった年に一時帰国してウーヴェ・リヒターと結婚し、子供を一人もうけているが、このような早婚と出産は、当時の社会主義国東ドイツでは珍しいことではなかった。

一九八〇年にモスクワ留学を終えて帰国すると、リヒターはベルリンのフンボルト大学に日本学助手のポストを得る。その助手時代の一九八五年に、西田幾多郎をテーマにドクターの学位を取得（ドクター論文 Die Herausbildung der Philosophie von Nishida Kitarō (1870–1945)）、さらに東西の壁が崩壊した後の一九九四年には、ミュンヘン大学で高野長英をテーマにした研究で、教授資格を取得している（教授資格論文 Entzweiung-Wissenschaftliches Denken in Japan zwischen Tradition und Moderne）。本文でも言及されているストックホルム大学教授（元京都精華大学教授）で、日本のマンガ研究で知られるジャクリーヌ・ベルントは、この時代の後輩に当たる。そして教授資格取得直後の一九九四年に、東京大学から声がかかり、教養学部助教授に就任したのだが、わずか一年で退任せざるをえなくなった。リヒターに急遽ドイツから、教授招聘の話が持ち上がったからである。

折しも、この頃統一成ったドイツの旧東独地域では、ライプツィヒ大学が日本の国際交流基金の援助を得て、東独時代に消滅していた日本学の講座を再建しようと動き出し、それまで中国学科だけを擁していた東アジア研究所に、新たに日本学科を設ける話が進んでいた。リヒターはこの再建日本学科のポストに応募し、一九九六年、正式に主任教授として招聘を受けたのである。

この頃の人文社会科学の教授人選では、旧東独系の研究者は政略的にほとんど排除されて、旧西側の研究者がポストの大半を占めたことを考えると、モスクワ留学組の東側エリートであったリヒターの主任教授就任は、ほとんど例外と言っていい。その理由としては、彼女が地元ライプツィヒの出身であったうえに、旧体制下の秘密警察の手がついていなかったこと、また東アジア研究所の所長で、東独時代からの数少ない生き残りだった中国学者のラルフ・モーリッツが、積極的に彼女を支持したことがある。モーリッツはドイツでは希少な『論語』の専門家として、以前から東西の壁を越えて評価を得ていた人物である。他方、西側の研究者では、ミュンヘンの西田研究者ペーター・ペートナーの支援があったことも、明らかに彼女に有利に働いた。彼は多和田葉子の文壇デビューを助けたことでも知られる。くわえて日本からは、やはり西田研究で知られる大橋良介の支持もあった。

さらに言うなら、壁が崩れる以前にベルリンで、ハンス＝ペーター・クリューガーやヴォルフガング・エングラーら若手哲学者たちの研究会に参加していたことが、壁崩壊後、リヒターに有利に働いたことも考えられる。彼らはハーバーマスやフーコーなど西側の思想に関心を抱いたために、東独体制では異端派とみなされ、教職に就くことを禁じられていた。じじつ、統一後まもなくしてクリューガーはポツダム大学教授、エングラーはベルリンの演劇大学学長になっている。とくに、エングラーはしばらくの間、ジャーナリズムの世界で批評家としても持てはやされていた。

ついでに書き添えておけば、このときたまたまベルリン自由大学で学位を得ていた訳者は、リヒターに誘われて学術共同研究員（専任講師）としてライプツィヒに同行して以来、定年まで彼女を支えて学科再建のために協力してきた。


ドイツの大学の講座は、公募条件に記される大学側のニーズと主任教授の個人的関心によって、重点分野が決定される。リヒターが専門としているのは近現代日本の文化研究であるが、それまでの研究にも見て取れるように、多分に歴史学、社会学、哲学、政治学などの内容を含んだ、広い意味での思想史研究でもある。訳者もここで、近現代日本の思想史と文学史のゼミナールを担当した。

西田や長英という、どちらかというオーソドックスな思想史研究を専門としていたリヒターだが、ライプツィヒに移ってからは講座のニーズに合わせて、しばらくは文化研究、具体的には百貨店やターミナル駅周辺の大衆文化をケーススタディにしながら、日本における近代化のプロセスやそれに伴う東西二元論およびナショナリズムのイデオロギーの発生過程などを解明する社会学的な研究に従事していた。本書の第一章から第三章は、その時期に発表されたものである。本書には直接名前が出てこないが、この頃の研究にはノーベルト・エリアスの影響がある。

批判的な文化研究は、やがてリヒターにカルチュラル・スタディーズへの関心を呼び起こす。漠然とした関心はすでにフンボルト大学助手時代からあったのだが、決定的な意味を持つのは、国際シンポジウムを通した、コーネル大学の酒井直樹、東京大学の吉見俊哉、東京外国語大学の岩崎稔らとの交流である。それに並行して、コロンビア大学の歴史家キャロル・グラックとの交流なども始まった。だが、英米とは異なった政治的、文化的背景を持つドイツの文化研究に、カルチュラル・スタディーズやポスト・コロニアリズムを直接持ち込むことは容易ではなかった。その困難は、第四章にも書かれているとおりである。リヒターはそういう差異を意識しながら、ドイツの日本研究に初めてカルチュラル・スタディーズやポスト・コロニアリズムの発想や問題提起を持ち込んだ先駆者と言っていい。

こうしてリヒターは、次第に政治的にも、よりアクチュアルな問題に強い関心を持つようになる。日本において歴史修正主義が声高に叫ばれるようになると、東アジアにおける歴史教科書についてのシンポジウムをオーガナイズしたり、ブラウンシュヴァイクの国際教科書研究所などと共同研究を企画したりしている。第六章の靖国批判の文章は、そうした関心の中から生まれたものである。

アクチュアルな問題という点では、リヒターにとって二〇一一年三月の東日本大震災と福島の原発事故は決定的であった。この事故を境にして、リヒターの批判精神はますます高揚する。まず、フランクフルト大学の日本学科に呼びかけて、原発に関する日本語の記事や資料を独訳して紹介するサイト

（Textinitiative Fukushima）を立ち上げ、自分自身の研究プロジェクトとして、原発労働の実態調査に従事するようになる。その副産物としては、たとえばフェリックス・ヤヴィンスキイ、ハイケ・パチュケとの共訳書 Tomohiko Suzuki *Inside Fukushima*（原題：鈴木智彦『ヤクザと原発』）の出版などがある。この例からもわかるように、リヒターの基本方針は、体制にすり寄って、本来の批判精神を失った日本のジャーナリズムの目からこぼれ落ちてしまうようなテーマや記事を少しでも救い出して、公の討議の場にもたらそうということにあるように思われる。

最近のリヒターは、最後の各章が示しているように、原発労働の調査研究から得た知見をさらに、日本のみならず世界に広がりつつあるプレカリアート問題に結びつけ、それを通して資本主義社会が本質的に抱える諸矛盾の一端を、批判的に解明していこうとしているようである。

リヒターの開拓した、この批判的文化研究は、いまではドイツの日本学研究の中で一定のステイタスを得ている。ライプツィヒ日本学科を卒業したり、経由したりして、その後各地で教授ポストに就いた人たちは少なくない。デュッセルドルフ大学のアネッテ・シャート＝ザイフェルト、ケルン大学のシュテファン・ケーン、エアランゲン大学のファビアン・シェーファー、さらには立命館大学のマーティン・ロートなど、リヒターと批判精神を共有した（する）研究者は少なくない。小さいながらも、さしずめドイツ日本学研究におけるライプツィヒ学派とでも言えるだろうか。本書のタイトル『闘う日本学』はそんな彼女の実績にふさわしい題名であると思う。本書のために書き下ろされた序章がその「闘い」ぶりを詳しく伝えている。

初出一覧

序　章　書き下ろし

第一章　日本近代を再考する
原題「日本近代再考」茅野良男・藤田正勝編『転換期としての日本近代』ミネルヴァ書房　一九九九年

第二章　モダン・タイムズへの日本の道――二つの太陽
原題「『二つの太陽』――消費文化と時間観〔感〕の近代化　初期の「三越」呉服店の例を通して」『ＵＴＣＰ研究論集5』　東京大学二一世紀ＣＯＥ共生のための国際哲学交流センター　二〇〇六年

第三章　思想空間としての百貨店
原題「モダン日本文化の形成と消費文化――思想（史）空間としての百貨店」日本の近現代思想史を書きなおす　第一回国際会議シンポジウム講演原稿　ライプツィヒ大学　二〇〇七年二月二七日（未公刊）

第四章　グローバル化のなかの日本研究
原題「「実体」としての日本か「クール」な日本か――グローバル化時代における日本研究のチャンスとリスク」神奈川大学人文学研究所編『世界から見た日本文化――多文化共生社会の構築のために』御茶の水書房　二〇〇七年

第五章　トランスとインター――日独のマンガ交流から見えてくること
原題「「トランス」と「インター」――その定義のこころみ」
Jaqueline Berndt（Hrsg.）*Manhwa, Manga, Manhua: East Asien Comics Studies*, Leipziger Universitätsverlag, 2012

第六章　ポップ・ナショナリズムの現在――ワンダーランド・ヤスクニ
原題「ワンダーランド・ヤスクニ――ポップ・ナショナリズムの現在」坪井秀人・藤木秀朗編『イメージとしての戦後』青弓社　二〇一〇年

第七章　フクシマその後――新たな批判的知識の「場」とプラクティークを求めて
原題「フクシマその後――新たな批判的知識の「場」とプラクティークを求めて」日本の近現代思想史を書きなおす　第六回国際会議「戦後日本というアムネジア」講演原稿　早稲田大学戸山キャンパス　二〇一二年一二月二〇日（未公刊）

第八章　プレカリ化する日本
原題「プレカリ化する日本」坪井秀人編『バブルと失われた二〇年　戦後日本を読みかえる6』臨川書店　二〇一八年

著者紹介

シュテフィ・リヒター　Steffi Richter

ライプツィヒ大学日本学科主任教授
1985年　フンボルト大学でPh.D取得
1994年　ミュンヘン大学で教授資格取得
1996年　ライプツィヒ大学日本学科主任教授に招聘
共同研究をまとめた多くの編著書があるが，最近の邦訳文献は『世界のなかの〈ポスト3.11〉――ヨーロッパと日本の対話』（坪井秀人，マーティン・ロートと共編著）新曜社2019;「〈戦後〉とは何か――ポスト戦後日本」（坪井秀人編著『戦後日本文化再考』三人社2019）ほか

編訳者紹介

小林　敏明　こばやし　としあき

ライプツィヒ大学日本学科教授（員外）
1996年　ベルリン自由大学でPh. D取得，ライプツィヒ大学日本学科学術共同研究員
2000年　ライプツィヒ大学で教授資格取得
2006年　ライプツィヒ大学教授（員外）に昇格
2014年　退官
近著に『夏目漱石と西田幾多郎』岩波新書2017;『故郷喪失の時代』文藝春秋2020ほか

新曜社

闘う日本学
消費文化・ロスジェネ・プレカリ化の果てに

初版第1刷発行　2020年11月15日

著　者　シュテフィ・リヒター
編訳者　小林　敏明
発行者　塩浦　暲
発行所　株式会社　新曜社
101-0051　東京都千代田区神田神保町3-9
電話03（3264）4973（代）・FAX03（3239）2958
Email: info@shin-yo-sha.co.jp
URL: http://www.shin-yo-sha.co.jp
印刷製本　中央精版印刷

© Steffi Richter, Toshiaki Kobayashi, 2020　Printed in Japan
ISBN978-4-7885-1686-1　C1036

新曜社ブックリストから

世界のなかの〈ポスト3・11〉 ヨーロッパと日本の対話
坪井秀人 シュテフィ・リヒター マーティン・ロート 編
A5判上製338頁・5500円

「1968」を編みなおす 社会運動史研究2
大野光明・小杉亮子・松井隆志 編
A5判並製232頁・2300円

ライフコース選択のゆくえ 日本とドイツの仕事・家族・住まい
田中洋美 マーレン・ゴツィック クリスティーナ・岩田ワイケナント 編
四六判上製384頁・4200円

女性雑誌とファッションの歴史社会学
坂本佳鶴恵 ビジュアル・ファッション誌の成立
A5判上製392頁・3900円

森鷗外事典
平川祐弘 編
A5判上製770頁・12000円

はじまりの漱石 『文学論』と初期創作の生成
服部徹也
A5判上製400頁・4600円

感染症と法の社会史 病がつくる社会
西迫大祐
A5判上製388頁・3600円

価格は税抜